Hardy Oelke

Ich lerne Westernreiten

Ein Leitfaden für den Westernreitanfänger

Kierdorf Verlag

ISBN 3-89118-081-0

1. Auflage 1993

Vorwort

Dieses Buch will weder Hilfestellung für die Ausbildung eines Westernpferdes geben, noch Ratschläge für das turniermäßige Vorstellen von Westernpferden. Es wendet sich vielmehr an Menschen, die erst das Reiten erlernen und dabei von Beginn an die Richtung Westernreiten einschlagen wollen. Ihnen möchte es helfen, einen korrekten Sitz, die korrekte Hilfengebung, das Verständnis für die Reaktionen des Pferdes und die Bewegungsabläufe und auch das Verständnis für ihren Reitlehrer oder Trainer zu erwerben. Es führt außerdem ein wenig in die besondere Terminologie ein.

Ein Buch, und sei es noch so gut, kann keine Fähigkeiten vermitteln, doch ist es den meisten Reitanfängern ein Bedürfnis, sich mit dem Reiten auch theoretisch auseinanderzusetzen. Wenn einem etwas theoretisch völlig klar ist, kann man es deshalb noch nicht – das Üben bleibt niemandem erspart -, aber was theoretisch klar ist, kann praktisch leichter erlernt werden. Die Aufgabe dieses Buches ist es, erstes theoretisches Verständnis zu vermitteln.

Halver, 1993
Hardy Oelke

Inhalt

Wo nehmen Sie Unterricht?

Englische Reiterei = Der Westernreiter nennt die u.a. auch in Deutschland herkömmliche Reiterei „englisch", zum Unterschied von „western"
Show = (Von Horse Show) Innerhalb des Westernreitens Bezeichnung für ein Turnier

Irgendjemand muß Ihnen das (Western-)Reiten ja nun beibringen. Sich da für den Richtigen (oder die Richtige) zu entscheiden, ist zunächst das Wichtigste für Sie.

Der ideale Reitlehrer sitzt selbst makellos im Sattel (was Sie noch gar nicht beurteilen können), hat viel Erfahrung mit Pferden und Menschen (was Sie nur schwer überprüfen können), hat beeindruckende Turniererfolge, wird von allen Insidern rückhaltlos empfohlen, kann alles praktisch vormachen und theoretisch einleuchtend begründen und erklären, kann laute Kommandos und Anweisungen geben, ohne dabei unfreundlich zu wirken (versuchen Sie einmal, freundlich zu schreien), weil man ihn sonst während des Reitens oft nicht verstehen kann, ist unermüdlich aufmerksam, so daß ihm auch der kleinste Fehler nicht entgeht, verliert auch nach dem hundertsten Fehlversuch nicht die Geduld, gibt jedem seiner Schüler das zu ihm passende Pferd, frustriert Sie nie durch zuviel oder zu harte Kritik, sorgt beständig dafür, daß Sie durch Lob oder aufmunternde Worte motiviert bleiben, weiß den Unterricht stets interessant zu gestalten, arbeitet in einem Reitstall ganz in Ihrer Nähe, hat immer Zeit für Sie und ist finanziell erschwinglich. Gehen Sie nicht davon aus, daß es ihn gibt. Gehen Sie vielmehr davon aus, daß Sie Kompromisse eingehen müssen.

Natürlich müssen Sie menschlich mit ihm klar kommen, aber Sie müssen sich grundsätzlich entscheiden, was Ihnen wichtiger ist, eine gute Zeit zu haben oder reiterlich weiterzukommen. Es ist im letzteren Fall besser, nötigenfalls das eine oder andere herunterzuschlucken, solange Sie einen fähigen Lehrer haben, der nicht unberechtigt kritisiert und sich Mühe gibt, Ihnen etwas beizubringen.

Als erstes sollten Sie sich umhören und umsehen, unter anderen Westernreitern, auf Shows, in Reitschulen und auf Wochenendlehrgängen. Studieren Sie gründlich, wer wirklich gut reitet, wessen Schüler gut reiten, wessen Unterricht Ihnen gefällt (wobei Sie das nicht zum wichtigsten Kriterium machen sollten) und wie Sie mit einem „Kandidaten" im persönlichen Gespräch klarkommen.

Sie werden feststellen, daß kaum jemand unumstritten ist. Da gibt es sehr erfolgreiche, die zugleich im Ruf stehen, arrogant zu sein oder sehr hart mit ihren Pferden umzugehen oder die kaum Unterricht geben, jedenfalls nicht, wenn Sie sich kein teures Pferd von ihnen verkaufen lassen. Und es gibt Reiter, die sehr gut sind, aber nicht gut vermitteln können oder nicht wollen.

Von anderen wird Ihnen der eine oder andere begeistert erzählen, ohne daß diese turniermäßig groß in Erscheinung treten. Hier müssen Sie besonders kritisch recherchieren, denn unter ihnen gibt es viele Scharlatane, die es irgendwie schaffen, eine Fan-Gemeinde um sich zu scharen (unter den Blinden ist der Einäugige immer König).

Es gibt durchaus weniger bekannte Reiter und Ausbilder, die zumindest Ihnen als Anfänger einen guten Start vermitteln können, und besonders wenn Sie nicht weit fahren sondern Unterricht in Ihrer Nähe finden wollen, können Sie nicht unbedingt davon ausgehen, einen Spitzenkönner verfügbar zu haben.

Um einen Lehrer zu wählen, der Ihnen entspricht, müssen Sie selbst ehrlich Ihre Ziele und Fähigkeiten beurteilen. Manche Trainer sind ausgezeichnet für Reitanfänger, aber nicht in der Lage, Sie weiter zu fördern. Andere haben nicht die Geduld, um mit anderen als fortgeschrittenen Pferden und Reitern zu arbeiten. Ein Ausbilder, der einen berühmten Namen hat, mag weder Zeit noch Interesse für einen in

Unterricht in möglichst kleinem Rahmen und in entspannter Atmosphäre, bei dem der Trainer alles praktisch vorführt, ist am erfolgversprechendsten

der Entwicklung befindlichen Reiter haben. Wenn ein gutangesehener, tüchtiger Lehrer willens ist, mit Ihnen zu arbeiten, sollten Sie die Gelegenheit nutzen.

Unterricht können Sie innerhalb der Westernreitszene unter den Trainern von Westernpferden, in den Trainingsställen und unter den Turnierreitern finden. Auch gibt es Westernreiter, die weder das eine noch das andere sind und ihre Pferdekasse aufbessern, in dem sie dem einen oder anderen privat Unterricht geben.

Es ist bislang noch nicht so, daß es offizielle oder anerkannte Prüfungen für Westernreitlehrer gibt, obwohl daran gearbeitet wird. Aber selbst wenn wir einmal so weit sein sollten, wäre eine bestandene Westernreitlehrerprüfung noch immer keine Garantie. Das kann man unschwer ableiten von der Situation der „englischen" Reiterei, die eine riesige Zahl Reitlehrer aufweist, welche alle ihr Examen bestanden haben, unter denen es aber dennoch eine große Zahl gibt, die schlichtweg nichts taugen.

Seien Sie also kritisch bei der Wahl Ihres Reitlehrers, aber erwarten Sie keinen Übermenschen. Lassen Sie sich nicht von Schleifen und Pokalen Sand in die Augen streuen, die möglicherweise gar nicht auf selbst ausgebildeten Pferden, sondern auf teuer erworbenen errungen wurden. Hören Sie sich an, was andere Reiter über Ausbilder zu sagen haben, aber hören Sie kritisch zu. Verwerfen Sie niemanden, weil er kein Turnier-Champion ist, aber schauen Sie sich sein Reiten und seine Schüler kritisch an. Gehen Sie nicht zu jemandem, nur weil er in der Nähe ist – ein weiterer und darum aufwendigerer Weg mag letztlich doch der günstigere sein –, aber wenn Sie das Glück haben, einen guten Lehrer in Ihrer Nähe zu haben, sollten Sie smart genug sein, das auszunutzen.

Wenn es in Ihrer Gegend keinen guten Reitlehrer oder Trainer gibt, bleibt noch die Möglichkeit, sich mit anderen Schülern zusammenzutun und den regelmäßigen Besuch eines Lehrers in Ihrer Nähe zu organisieren.

Wie Sie den Unterricht optimal nutzen

Hilfen = Reiterliche Einwirkungen, Signale für das Pferd

Sie haben sich also für einen Reitlehrer entschieden und nehmen bei ihm Unterricht. Da sollte es selbstverständlich sein, daß Sie die Stunden bei ihm, die Sie ja teuer bezahlen müssen, auch optimal ausnutzen wollen, richtig?

Sie glauben nicht, wieviele Reitschüler es gibt, die mit einer negativen Grundeinstellung am Unterricht teilnehmen und sich dadurch selbst weitgehend um die Früchte des Unterrichts bringen!

Mehr als das praktische Unvermögen ist es eine mangelhafte Einstellung, die den Fortschritt vieler Reitschüler ver- und behindert, auch wenn diese das oftmals abstreiten oder sich darüber im unklaren sind. Eine positive und aufnahmefähige Einstellung ist von höchster Wichtigkeit.

Es ist nur schwer zu begreifen, daß jemand bei einem Reitlehrer Unterricht nimmt, den er anzweifelt und demgegenüber er negativ eingestellt ist, und noch dafür Geld bezahlt. Doch es gibt, wie gesagt, eine große Zahl von so eingestellten Reitern, die sich so verhalten, als wenn sie alles dem Reitlehrer zuliebe täten und nicht zu ihrem eigenen Nutzen, was sich z.B. darin äußert, daß sie sich einigermaßen bemühen, solange der Reitlehrer hinschaut, aber sobald er den Rücken kehrt, verfallen sie wieder in ihren alten Schludrian.

Es ist verständlich und richtig, wenn Sie immer kritisch bleiben, schließlich gibt es ja schlechte Reitlehrer. Aber Sie können den Wert des Unterrichts doch ganz gut an zweierlei messen: daran, ob der Reitlehrer selbst gut reitet, gute Resultate erzielt und im Zweifelsfall alles überzeugend vormachen kann, und daran, ob er bereitwillig und plausibel erklärt und nicht „hinter dem Berg hält“. Wenn diese beiden Voraussetzungen gegeben sind, liegt es nur an Ihrer positiven und aufgeschlossenen Einstellung, ob Sie Fortschritte machen oder nicht.

Ihr Reitlehrer wird kritische Fragen, wenn sie sachlich sind, nicht übel nehmen. Übel wird er Ihnen nehmen, wenn Sie seinen Anweisungen nicht zuhören und Sie diese nicht aufgeschlossen, fleißig und gewissenhaft anwenden (jedenfalls, wenn er ein Interesse an Ihnen hat).

Für den Reitlehrer ist es frustrierend, wenn ein Schüler mehrmals seine Anweisungen ignoriert, um dann, nach dem fünften oder sechsten Mal, wenn er ihn zur Rede stellt, zu hören, daß der Schüler ein Problem mit dieser Anweisung hat. Da wünscht sich der Reitlehrer, der Schüler hätte sofort kritisch nachgefragt und hätte ihn nicht so lange vergeblich rufen lassen.

Erwarten Sie nicht schon nach wenigen Lektionen großartige Resultate. Es ist nicht klug, als Anfänger den Lehrer oder die Methoden zu wechseln, wenn Sie keinen triftigen Grund dazu haben, denn jeder arbeitet etwas anders, mit den Pferden und mit den Menschen, und zu leicht kann sich Verwirrung ergeben.

Es muß Ihnen auch klar sein, daß es besonders bei Ihnen als Reitanfänger viele Dinge gibt, die der Korrektur bedürfen. Der Reitlehrer kann aber nicht an allem gleichzeitig arbeiten, das würden Sie nicht verkraften können. Oftmals entstehen zwischen Reitlehrer und Schüler Mißverständnisse, weil der Reitlehrer vorübergehend eins oder mehrere kleinere Übel vernachlässigt und sich auf das Wichtigste konzentriert.

Versuchen Sie auch nicht, dem Lehrer vorauszudenken. Er mag Ihnen detaillierte Anweisungen bezüglich Ihrer Hilfen geben und darauf warten, daß Ihr Pferd dann entsprechend reagiert, und er hat Ihnen möglicherweise absichtlich nicht gesagt, worauf er hinaus will. Z.B. sagt er Ihnen vielleicht: „Linke Hüfte und linker Schenkel vor, rechter Schenkel hinterm Gurt ans Pferd, Oberkörper aufrichten, Zügel leicht annehmen", und er schnalzt vielleicht noch dazu. Er möchte, daß das Pferd angaloppiert, hat es Ihnen aber absichtlich nicht gesagt, damit Sie nicht einen alten Fehler wiederholen, den Sie beim Angaloppieren jedesmal machen, wie z.B. den Oberkörper nach vorn und innen zu legen und mit der Zügelhand vorzugehen.

Für Lob ist der eine mehr empfänglich als der andere, obwohl es kaum einen Menschen gibt, der nicht gern gelobt wird; aber die Reitlehrer sind nicht alle gleich freigebig mit Lob. Verwerfen Sie nicht einen Reitlehrer, weil er mit Lob knausert, solange er gelegentlich ein lobendes Wort findet. Dann wissen Sie wenigstens, daß das nicht nur so dahergeredet war.

Nehmen Sie Kritik des Lehrers nicht persönlich, weder die an Ihnen, noch die an Ihrem Pferd. Sie sind ihm deshalb nicht unsympathisch, weil Sie Fehler machen, auch nicht, wenn Sie viele Fehler machen. Ihr Lehrer weiß ja, daß Sie Anfänger sind. Wenn er sich kritisch äußert, sollten Sie das zu schätzen wissen. Konstruktive Kritik während des Reitunterrichts gilt als ein notwendiger Teil des Lernens. Wenn er beschönigen würde, wäre er unehrlich, und das hilft Ihnen nicht weiter.

Gerade am Anfang möchte kein Lehrer gern entmutigende Äußerungen machen, aber auf der anderen Seite muß er doch ehrlich sein.

Versuchen Sie nicht, daß, was Ihr Pferd macht, zu verteidigen. Wenn ein Pferd Ihnen das Lernen fast unmöglich macht, muß ein Lehrer Ihnen das offen sagen, besonders dann, wenn Sie Turniere im Auge haben.

Vermeiden Sie Rechthabereien, wenn Sie kritisiert werden und Instruktionen erhalten. Obwohl es ganz natürlich ist, daß ein intelligenter Mensch alles auch theoretisch verstehen und verarbeiten will, gibt es einen feinen Unterschied zwischen aufrichtigem Wissensdurst und Disputierfreudigkeit. Wenn Sie Einzelunterricht genießen, mag sich Ihr Reitlehrer noch denken, daß es ihm egal ist, ob Sie für Ihr Geld reiten oder diskutieren, wenn Sie Gruppenunterricht nehmen, ist es rücksichtslos den anderen Schülern gegenüber.

Manche neigen dazu, sich im Theoretischen zu verlieren, festzubeißen. Andere fliehen in die Beschäftigung mit Ausrüstungsgegenständen und suchen nicht selten ihr Heil in immer neuen Zäumungen usw. Das alles kann sehr interessant sein, sollte aber nicht übertrieben werden und Ihnen nicht den Blick dafür trüben, daß beim Reiten das Reiten am wichtigsten ist. Beim Reiten können manche Dinge nicht erklärt werden, jedenfalls nicht ausreichend. Sie müssen erfühlt, erfahren und dann entwickelt werden.

Erwarten Sie nicht, innerhalb kurzer Zeit ein guter Reiter zu werden, und erwarten Sie nicht, daß der Unterricht innerhalb kurzer Zeit große Fortschritte bringt. Es ist typisch für den Reitunterricht, daß es Durchbrüche gibt, „Aha-Erfahrungen" und Meilensteine, daß dazwischen aber auch lange Strecken liegen, in denen man den Eindruck hat, es ginge nicht recht weiter.

„In kurzer Zeit" ist natürlich relativ. Was ist damit gemeint? Nun, die Zeit, die ein absoluter Anfänger braucht, bis er einigermaßen etwas mit einem Pferd anfangen kann, könnte mit einem halben oder dreiviertel Jahr angegeben werden. Um ein guter Reiter zu sein, braucht es sicher wenigstens $1\frac{1}{2}$ bis 2 Jahre. Doch ist das schwer festzulegen, da individuell sehr unterschiedlich. Sportliche Typen, die ein gutes Gleichgewichtsgefühl haben, dazu feinfühlig sind, selbstkritisch, unerschrocken, nicht zimperlich gegenüber Wehwehchen und vor allem fest entschlossen, schaffen es in erstaunlich kurzem Zeitraum. Andere lernen es ihr ganzes Leben nicht.

Eine weitere Eigenschaft, die zum Erlernen sehr vorteilhaft ist, ist die Fähigkeit des Nachahmens. Wenn Sie gut nachahmen können, dann können Sie gute Reiter beobachten, wie diese sitzen und die Hilfen geben, können sich da hineindenken und es mehr oder weniger gut nachahmen. Für manch einen guten Reiter war das Zusehen und Nachahmen die einzige Anleitung, die er gehabt hat.

Es ist sehr lehrreich und hilfreich, Videoaufzeichnungen von sich machen zu lassen. Nichts öffnet einem so die Augen. Ein Video kann dem Reitlehrer u.U. tausend Worte ersparen.

Wenn Sie zum ersten Mal oder die ersten Male in den Reitunterricht gehen, ist es ganz natürlich, wenn Sie etwas aufgeregt sind. Ich weiß, daß es wenig Zweck hat, Ihnen das zu sagen, aber ich sage es Ihnen trotzdem (es bleibt mir gar nichts anderes übrig): Seien Sie nicht aufgeregt. Je gelassener Sie bleiben, desto aufnahmefähiger sind Sie und desto weniger unnötige Fehler werden Sie machen. Es gibt genaugenommen gar keinen Grund, aufgeregt zu sein. Ihr Reitlehrer weiß ja, daß Sie nicht reiten können. Wenn Sie reiten könnten, würden Sie ja den Unterricht bei ihm nicht nehmen. Sie wollen natürlich trotzdem einen möglichst guten Eindruck machen, klar, aber gerade das wird erschwert, wenn Sie aufgeregt sind. Ich weiß, Sie wissen das alles, und so leicht kann man die Nervosität nicht abstellen. Versuchen Sie's trotzdem...

Schulpferde

Die bedauernswerten Geschöpfe, auf denen Reitanfänger sich ihren ersten Frust holen, sind für viele Westernreiteinsteiger Voraussetzung, da nicht jeder ein eigenes Pferd hat. Inzwischen gibt es eine Reihe von Westernreitställen, die Unterricht auf Schulpferden anbieten, aber viel zu wenige. Dieses Problem ist mitverantwortlich dafür, daß das Westernreiten keine noch stärkere Verbreitung gefunden hat.

Jede Stadt hat einen oder mehrere Englisch-Reitställe, aber Westernreitställe sind weitaus seltener und noch seltener solche, die Schulpferde anbieten.

In den meisten Fällen werden Sie es erleben, wenn Sie sich wegen Westernreitunterricht erkundigen, daß man Ihnen die Auskunft gibt, dies sei nur mit eigenem Pferd möglich.

Sie werden mit Recht fragen, ob das überhaupt einen Sinn macht, sich als Reitanfänger ein eigenes Pferd zuzulegen. Nun, darüber sind die Ansichten geteilt. Wer Ihnen ein Pferd verkaufen möchte, wird Ihnen vermutlich zureden, aber sonst herrscht die Auffassung vor, daß es unratsam sei.

Bei der Beantwortung dieser Frage sollte man aber differenzieren. Manche Reitaspiranten können sich ein eigenes Pferd gar nicht leisten, nicht nur wegen der Anschaffungskosten, sondern auch wegen der Unterhaltskosten. Ihnen bleibt nur das Reiten auf Pferden anderer, meistens Schulpferde.

Wenn Sie sich ein eigenes Pferd leisten könnten, sieht es etwas anders aus. Da kommt es dann auf verschiedene Dinge an:

1. Wie ernst ist es Ihnen mit dem Reiten? Es gibt Menschen, die zuerst „Feuer und Flamme" sind, aber durch wundgerittene Hosenböden, die Schwierigkeit des Erler-

Die Westernreitweise ist ideal für das Spazier- und Wanderreiten.

nens und gegebenenfalls (bei eigener Pferdehaltung) durch zeitaufwendige Arbeiten bald die Begeisterung verlieren. Andere sind von Natur aus „Pferdemenschen"; ihnen bedeuten Pferde und das Reiten so viel, daß alle auftretenden Unannehmlichkeiten eine untergeordnete Rolle spielen und ihre Ambitionen zu keinem Zeitpunkt in Frage stellen können.

2. Wie groß ist die finanzielle Unabhängigkeit? Ist es weiter nicht tragisch, wenn Sie nach einiger Zeit feststellen, daß Ihnen das Reiten doch zu mühsam ist, und Sie Ihr Pferd und Sattelzeug wieder verkaufen wollen (in der Regel mit Verlust)? Oder können Sie sich ein Pferd und seinen Unterhalt sehr wohl leisten, einen etwaigen Verlust von möglicherweise ein paar tausend Mark aber nur schwer verkraften?

3. Wie stark werden Sie sich wahrscheinlich emotionell an ein Pferd binden? Wenn Sie sich ein Pferd gekauft hätten und dann, nachdem Sie reiterlich erhebliche Fortschritte gemacht haben, erkennen müßten, daß es Ihren Fähigkeiten und Ansprüchen nicht mehr genügen kann, wäre es tragisch, wenn Sie sich emotionell so daran gebunden haben, daß Sie sich nicht mehr von ihm trennen wollen, Sie sich aber ein zweites auch nicht leisten können. Das wäre nicht nur deshalb schade, weil Sie reiterlich dann nicht weiterkommen könnten, sondern auch für das Pferd tragisch, weil es möglicherweise immer überfordert wird bzw. an seiner Leistungsgrenze arbeiten muß.

Daran denken viele nicht, die sich etwas darauf zugute halten, sich nicht von ihrem Pferd zu trennen, obwohl es ihren Ambitionen nicht gerecht werden kann, daß es in den Händen eines anderen Reiters, der nicht so ambitioniert ist, glücklicher sein könnte. Es sind zwar zunächst ehrenwerte Motive, wenn man ein Pferd, das nicht „gut genug" ist, nicht wie ein Sportgerät einfach abgibt, aber das ist oft falschverstandene Tierliebe.

Um zur Beantwortung der Frage zu kommen: Wenn es den geringsten Zweifel gibt, daß Sie bei der Reiterei bleiben werden, oder wenn ein finanzieller oder emotioneller Verlust Sie schwer treffen würde, falls Sie das Reiten aufgeben würden und das Pferd wieder verkaufen müßten, dann sollten Sie zunächst davon absehen, sich ein eigenes Pferd anzuschaffen.

Auf der anderen Seite müssen Sie sich darüber im klaren sein, daß Schulpferde immer im besten Fall einen Kompromiß darstellen, im schlimmsten Fall es unmöglich ist, darauf wirklich das Reiten zu erlernen.

Schulpferde stumpfen aufgrund der vielen Reiterfehler, die sie durch die Anfänger einstecken müssen, immer ab, was nur in begrenztem Maße und über einen begrenzten Zeitraum hinweg korrigiert, „ausgebügelt" werden kann. Das können Sie noch gar nicht recht verstehen oder einschätzen, solange Sie kein guter Reiter sind. Erst der gute Reiter, der gutgerittene, sensibel reagierende Pferde reiten kann und geritten hat, weiß, was Pferden durch unstete, unsensible Hände, durch klopfende Gesäße und Absätze, durch falsche Hilfen, durch Strafen zum falschen Zeitpunkt angetan wird.

Weil kein Reiter vollkommen ist und jeder die Dinge etwas anders tut, müssen sich Pferde immer auf einen Reiter einstellen und einiges kompensieren, so daß ein häufiger Reiterwechsel selbst von guten Reitern einem Pferd nicht gut bekommt. Sie können sich vorstellen, was ein Pferd alles verkraften muß, wenn es fast ausschließlich von Anfängern und von immer wieder anderen und neuen Anfängern geritten wird.

Mit anderen Worten: Auf einem Schulpferd können Sie lernen, Ihre Angst zu verlieren, nicht herunterzufallen, gerade zu sitzen, die Hände und Beine ruhig zu halten – was schon viel ist, aber noch längst nicht alles. Wenn Sie aber wirklich *Reiten* lernen wollen, muß ein Pferd her, was nur Sie allein reiten bzw. Ihr Trainer zu Korrekturzwecken. Das bedeutet im Regelfall ein eigenes Pferd.

Wann es angezeigt ist, dieses eigene Pferd anzuschaffen, hängt von Ihren Fortschritten, Ihrem Portemonnaie und der Güte der Schulpferde ab (wenn vorhanden).

Wenn keine Schulpferde vorhanden sind, kommen Sie am eigenen Pferd nicht vorbei. Sie können aber folgenden Kompromißweg beschreiten: Sie können die ersten Grundvoraussetzungen in einem Englisch-Reitstall erwerben, von denen es überall genug gibt. Wenn Sie sich dann einigermaßen auf einem Pferd halten können, wissen Sie auch, ob Sie wirklich beim Reiten bleiben wollen. Dann ist es Zeit, ein eigenes Pferd zu erwerben und damit am Westernreitunterricht teilzunehmen.

Schade ist, daß so manch ein Reitaspirant auf der Strecke bleibt, weil er in einem unseriösen Reitstall – ob western oder englisch – derart negative Erfahrungen gemacht hat, mit ungeeigneten und sogar gefährlichen Pferden, mit untauglichen „Reitlehrern“, die ihm die Freude an diesem herrlichen Sport gründlich genommen haben.

Wenn es an die Anschaffung eines eigenen Pferdes geht, müssen Sie sich natürlich beraten lassen. Ein Pferd muß nicht schon gut ausgebildet sein, obwohl es idealerweise schon eine solide Grundlage hat, es sollte aber die Voraussetzungen mitbringen, gegebenenfalls weiter gefördert werden zu können, damit es auf lange Zeit Ihren Ansprüchen gerecht werden kann, auch dann, wenn Sie sich zu einem guten Reiter gemausert haben.

So viele, die anfangs eine eventuelle Turnierteilnahme weit von sich gewiesen haben, hatten später einen Sinneswandel, und auch wenn Sie tatsächlich keine Turniere reiten, ist es für Sie unbefriedigend, ein Pferd mit begrenzten Möglichkeiten zu reiten, sobald Sie selbst als Reiter fortgeschritten sind und wissen, wie sich ein gutes Pferd anbietet und anfühlt. Auch wer nur im Gelände spazierenreitet, hat dabei mehr Vergnügen, wenn das Pferd nicht widerwillig ist, wenn es weiche und elastische Bewegungen hat und nicht wirft, wenn es sensibel reagiert.

Eine Vertrauensperson, die Sie beim Kauf berät, ist ebenso schwer zu finden, wie ein passender Reitlehrer. Beide Personen können natürlich identisch sein, müssen es aber nicht. Ist Ihr Reitlehrer seriös und mit Engagement bei der Sache bezüglich Ihrer Ausbildung, wird er daran interessiert sein, daß Sie ein gutes Pferd bekommen, denn er muß sich sonst nachher damit abmühen.

Wenn es Ihnen möglich ist, sich emotionell nicht zu sehr an ein Pferd zu binden, so daß es Ihnen nicht schwer fällt, sich von einem Pferd zu trennen zugunsten eines neuen, so ist das grundsätzlich ein Vorteil. Je mehr Pferde Sie reiten, desto größere Fortschritte machen Sie als Reiter.

Wenn Sie als Anfänger Ihr eigenes Pferd reiten, machen Sie deshalb nicht weniger Fehler. Aber Ihr Pferd braucht nur Ihre Fehler zu verkraften und nicht zusätzlich die ungezählter weiterer Reitschüler. Und Ihr Ausbilder hat eine reelle Chance, das Pferd zwischendurch wieder zu korrigieren. Auf diese Weise können Sie in relativ kurzer Zeit markante Fortschritte machen.

Schließlich muß erwähnt sein, daß Einzelunterricht oder Unterricht mit nicht mehr als zwei oder drei Schülern gleichzeitig zwar teurer ist, aber besonders am Anfang fast unabdingbar. Unterrichtsklassen von 8 oder 10 Teilnehmern sind dann schlecht angelegtes Geld; sie werden Ihnen wenig bringen oder vielleicht sogar den Spaß am Reiten rauben.

Für den Fall, daß Sie gezwungen sind, in „Englischreitställen“ die ersten Grundbegriffe zu erlernen, möchte ich Sie auf den einen oder anderen Unterschied aufmerksam machen.

Natürlich sitzen Sie in einem „englischen“ Sattel anders; da werden Sie sich nachher an den Westernsattel gewöhnen müssen. Aber das ist kein Problem, und die meisten empfinden den Westernsattel als angenehmer.

Vermutlich werden Sie dort lernen, mit wesentlich mehr Zug auf den Zügeln zu reiten, als Sie es später beim Westernreiten gelehrt bekommen. Und Sie werden weniger mit losem Zügel reiten, als dies beim Westernreiten der Fall ist.

Außerdem wird in den meisten dieser Ställe gelehrt, permanent mit den Unterschenkeln zu treiben, also zum Unterhalten der Gangart. Das fällt beim Westernreiten weg, da dort die Beine normalerweise locker herabhängen.

Man kann auch beobachten, daß viele Englischreiter mit hochgezogenem Absatz reiten, obwohl das auch nach deren Lehrauffassung falsch ist.

Schließlich kann beobachtet werden, daß viele Englischreiter mit zurückgelehntem Oberkörper, rundem Rücken und – in den Kurven – mit eingeknickter Hüfte und nach innen gelehntem Oberkörper reiten, was in jedem Fall auch fehlerhaft ist.

Aus dem Grund ist es für Sie als angehendem Westernreiter ratsam, in dem Englischreitstall nur, wie weiter oben angegeben, die Grundvoraussetzungen zu erlernen – Angst verlieren, Gleichgewicht auf dem Pferderücken finden, möglichst lernen, Hände und Schenkel ruhig zu halten. Bevor Sie sich Dinge falsch angewöhnen, sollten Sie sich dann in den Unterricht eines fähigen Westernreiters begeben.

Führen

Lead rope (sprich Lihd roup) = Führstrick

Zunächst einmal ein zur Vorsicht mahnendes Wort bezüglich des Umgangs mit Pferden: Wann immer Sie an ein Pferd herantreten, überraschen Sie es nicht! Viele Anfänger begrüßen ein Pferd arglos, indem Sie von hinten an es herantreten und ihm einen Klaps auf's Hinterteil geben. Das ist höchst unbedacht und gefährlich. Auch völlig brave Pferde können in einer solchen Situation, weil sie sich erschrecken, ausschlagen.

Vergewissern Sie sich also unbedingt, daß das Pferd Sie bemerkt hat, bevor Sie herantreten oder es anfassen! Am besten sprechen Sie es an, bevor Sie auf Reichweite herankommen.

Um Ihr Pferd zu führen, fassen Sie die Zügel etwa einen halben Meter unterhalb des Pferdemaules und ziehen, wenn es losgehen soll, leicht daran. Dazu können Sie ein schnalzendes Geräusch machen, um ihm mitzuteilen, daß es antreten soll. Wenn Sie es nur mit einem Zügel führen, müssen Sie den anderen am Sattelhorn festbinden, damit er während des Gehens nicht herunterrutscht und das Pferd nicht darauf tritt.

Normalerweise führt man ein Pferd so, daß man auf Höhe der Pferdeschulter neben dem Pferd her geht. Schauen Sie das Pferd dabei nicht an, sondern blicken Sie geradeaus. Wenn Sie es anschauen, kann es dadurch verunsichert werden und stehenbleiben. Die meisten Westernpferde sind aber so trainiert, daß sie auch folgen, wenn man ihnen vorausgeht.

Halten Sie die Zügel oder das Lead Rope nicht krampfhaft fest, und ziehen Sie nicht ständig daran. Das gutausgebildete Westernpferd folgt Ihnen bzw. geht mit Ihnen am lockeren Zügel oder Führstrick. Wenn es sich ablenken läßt oder übermütig sein sollte, korrigieren Sie es durch Zup-

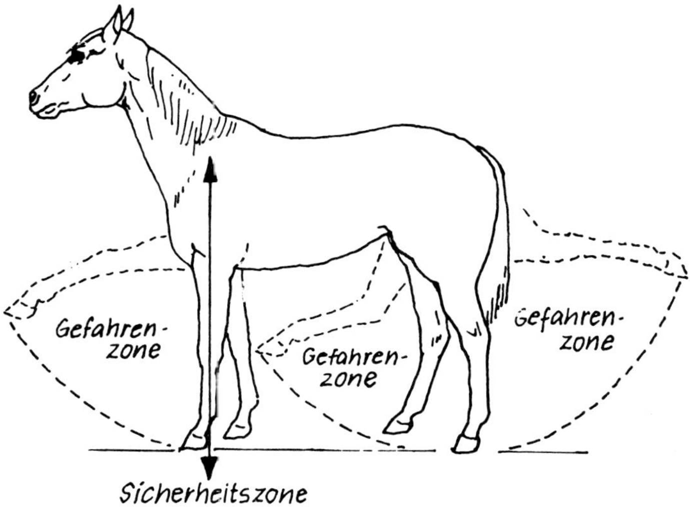

Aus dieser Zeichnung geht hervor, daß man auf Höhe der Pferdeschulter am sichersten steht

fer oder Rucke – hängen Sie sich nicht daran, versuchen Sie nicht, durch Ziehen etwas zu erreichen. Wenn Sie ziehen, kann das Pferd herausfinden, daß es stärker ist und besser ziehen kann. Beeindrucken Sie es durch Zupfer oder Rucke.

Am besten halten Sie Zügel oder Strick so, daß Sie mit der Hand, die dem Pferd am nächsten ist, unterhalb des Kopfes anfassen, und mit der anderen Hand halten Sie das restliche Ende von Zügel oder Strick. Falls das Pferd einmal eine plötzliche Bewegung machen und Ihre Hand unterhalb des Kopfes loslassen sollte, haben Sie immer noch das andere Ende in der anderen Hand und die Chance, das Pferd zu halten.

Lassen Sie ein Pferd immer anhalten, bevor Sie durch ein Tor gehen. Gehen Sie dann vor und lassen das Pferd diszipliniert nachfolgen. Wenn Sie es auf die Weide oder in seinen Auslauf geführt haben, wenden Sie es so, bevor Sie es freilassen, daß es mit dem Vorderende Ihnen zugedreht ist. Lassen Sie es nicht frei, während Sie daneben stehen oder aus dem Führen heraus, denn Pferde neigen dazu, übermütig loszustürmen, wenn sie freigelassen werden, und dabei schlagen sie nicht selten aus. Das ist überhaupt nicht böse gemeint, kann aber trotzdem fatale Wirkung haben, wenn man im Weg steht.

Halten Sie ein Pferd nicht am Halfter, wenn Sie es führen oder festhalten, sondern befestigen Sie stets ein Lead Rope am Halfter, und halten oder führen Sie es daran. Wenn Sie es am Halfter festhalten, laufen Sie bei jeder Bewegung des Pferdekopfes Gefahr, daß Ihnen entweder der Arm ab oder das Halfter aus der Hand gerissen wird.

Normalerweise wird ein Pferd von links geführt, d.h. man befindet sich auf der linken Seite des Pferdes. Ein Pferd muß sich aber auch von rechts führen lassen.

Putzen

Kardätsche = Dichte, weiche, flache Haarbürste, mit einem Riemen, unter den die Hand geschoben wird
Strich = Richtung, in der die Haare des Fells von Natur aus wachsen

Vor dem Satteln wird das Pferd aus verschiedenen Gründen geputzt. Einmal können durch Dreck verklebte Haare im Bereich der Sattellage, der Gurtlage und der Fesselbeugen während des Reitens wunde Stellen verursachen, zum anderen haben die meisten Reitpferde nicht genug „zwischenpferdlichen" Kontakt, um die notwendige Fellpflege gegenseitig vorzunehmen. Wenn der Mensch ein Pferd über weite Strecken von seinen Artgenossen fernhält, muß er selbst für Ersatz sorgen.

Durch das Putzen werden lose Haare entfernt, was besonders im Fellwechsel wichtig für das Pferd ist. Ein regelmäßig geputztes Pferd fühlt sich wohler, und ein Pferd das sich wohlfühlt, ist ein besserer und dankbarerer Partner.

Aber auch, wenn kein Schmutz und keine losen Haare zu entfernen sind, hat das Putzen immer noch eine massierende und wohltuende Wirkung, und weil Pferde, die sich wohlgesonnen sind, dies untereinander auch tun (sich gegenseitig mit den Zähnen das Fell zu pflegen – Sozialverhalten), ist es eine erstklassige Möglichkeit, eine freundschaftliche Beziehung mit dem Pferd aufzubauen bzw. zu erhalten. So manches, was Pferdebesitzer in falsch verstandener Tierliebe ihren Schützlingen angedeihen lassen, ist ihnen in Wirklichkeit gleichgültig, manchmal sogar schädlich. Aber das Putzen tut ihnen gut und wird von ihnen als Wohltat und Freundschaftsbeweis empfunden. Besonders am Widerrist und auf der Kruppe löst das Gekratztwerden beim Pferd Wohlgefühl aus.

Zum Putzen benötigen Sie einen Metall-, Hartgummi- oder Plastikstriegel, eine Wurzelbürste und eine weiche

Kardätsche, eventuell auch noch einen grobzahnigen Kamm. Am Hals und am Rumpf kann man mit den groberen Wurzelbürsten und Striegeln arbeiten, und besonders bei starker Verschmutzung und im Fellwechsel kann man hier direkt mit dem Metallstriegel arbeiten. Am Kopf, an den Beinen und oft auch über dem Rückgrat, wo immer wenig Fleisch über dem Knochengerüst liegt, ist das Pferd empfindlicher. Während man an den Beinen meistens durchaus noch mit der Wurzelbürste arbeiten kann, können viele Pferde am Kopf nichts anderes als eine weiche Bürste ertragen.

Obwohl Pferde in dem muskelbepackten Zonen nicht zimperlich sind und – entgegen oft gehörter Meinung – sich nichts daraus machen, wenn man nicht mit dem Strich putzt, sind sie doch individuell unterschiedlich und zeigen, wenn es ihnen unbehaglich wird. Zum Schluß sollte man immer noch einmal mit der Kardätsche mit dem Strich überbürsten, und zwar in langen, ruhigen Strichen, dabei die Kardätsche am Metallstriegel in Richtung der Fingerspitzen abstreichend. Ab und zu wird der Striegel auf dem Fußboden, an einer Wand oder an der Kardätsche ausgeklopft.

Aus dem Schweif sammelt man etwaige Stroh-, Heu- oder Sägespänereste und bürstet ihn dann mit der Wurzelbürste aus. Wenn Sie vermeiden wollen, Haare auszureißen, sollten Sie ihn ab und an mit einem speziellen Spray, den es im Handel gibt, einsprühen. Die Mähne wird ebenfalls mit der Wurzelbürste gebürstet und ggf. durchgekämmt.

Gewöhnlich räumt man dem Pferd auch die Hufe aus, wenn man es putzt. Dabei kann man eventuell eingeklemmte Steine entfernen oder etwaige Verletzungen feststellen. Wenn Sie ein Pferd nicht ganz genau kennen und wissen, daß es problemlos die Beine gibt, streichen Sie jeweils von oben am Bein hinunter und heben dann den Huf hoch. Überraschen Sie ein Pferd, das Sie nicht genau kennen, nicht dadurch, daß Sie direkt an ein Bein fassen! Es könnte ausschlagen.

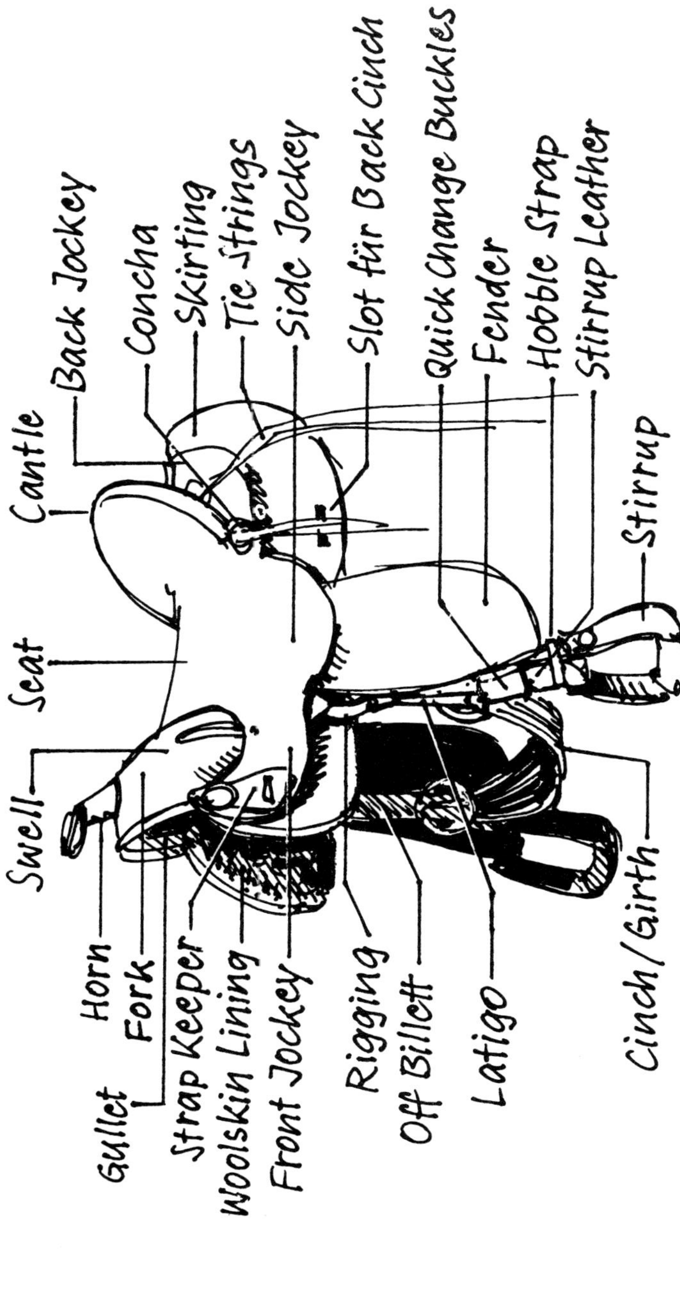

Die Bezeichnungen der einzelnen Teile des Westernsattels

Satteln, Aufzäumen

Pad (sprich Pähd) = Gepolsterte Sattelunterlage
Fork = Vorderer Teil des Westernsattels, auf dessen höchstem Punkt das Horn angebracht ist.
Gullet (sprich gallet) = Hohlraum unter der Fork
Latigo (sprich Lätigo) = Kräftiger Riemen aus fettgegerbtem Leder oder manchmal auch Nylon, mit dem gegurtet wird, d.h. der Bindeglied zwischen Bauchgurt und Sattel ist

Nachdem das Pferd geputzt wurde, kann es gesattelt werden. Zuerst wird eine Sattelunterlage auf den Rücken gelegt. Empfehlenswert ist ein sogenanntes Pad. Pads gibt es in verschiedenen Ausführungen; sie sollten eine ausreichende Polsterung zwischen Sattel und Pferderücken bieten, für das Pferd angenehm zu tragen und leicht zu reinigen sein. Außerdem sollten sie groß genug sein, um sowohl vor dem Sattel wie auch dahinter und an den Seiten 6 bis 10 cm vorzustehen.

Das Pad wird so weit vorn aufgelegt, daß man es mitsamt dem Sattel noch ein paar Zentimeter nach hinten schieben kann, bis es an der richtigen Stelle liegt. Dann ist gewährleistet, daß unter dem Sattel keine Haare gegen den Strich gebogen eingeklemmt werden.

Nun wird der Sattel aufgelegt. Normalerweise heißt es wiederum, daß man von links sattelt, aber das ist nicht zwingend notwendig. Ich fange meistens rechts an, weil mir das einen Weg spart.

Um den Sattel aufzulegen, ergreifen Sie ihn mit einer Hand unter dem Gullet und mit der anderen am hinteren Ende und schwingen ihn hinauf. Wenn Sie Übung haben, bekommen Sie das hin, ohne daß Sie mit dem Bügel an der gegenüberliegenden Seite gegen das Pferd schlagen, wenn nicht, sollten Sie ihn vorher über den Sitz schlagen oder am Horn aufhängen, wenn dies hoch genug ist, um ihn anschließend herunterzulassen.

Ein gutgearbeiteter Westernsattel, auf einem guten Pad liegend

So wird mit dem Latigo-Riemen gegurtet und anschließend mit einem Krawattenknoten gesichert

Es erfordert etwas Übung, zu wissen, an welcher Stelle der Sattel richtig liegt. Bei einem Pferd mit guter Sattellage können Sie dies ein paar Schritte herumführen, und der Sattel wird dann an den richtigen Punkt rutschen. In den meisten Fällen liegt er so, daß der vordere Rand knapp hinter dem Widerrist beginnt.

Jetzt gehen Sie auf die rechte Seite, wenn Sie den Sattel nicht von rechts aufgelegt haben sollten, und lösen den Bauchgurt aus der Halterung, so daß er herabhängt. Dann gehen Sie auf die linke Seite, ergreifen den Bauchgurt, ziehen den Latigo durch und gurten an, und zwar so, daß der Gurt schon gut angezogen ist, aber noch nicht endgültig stramm.

Sie müssen darauf achten, daß Sie das Fell unter dem Gurt nach unten glattstreichen vor dem Anziehen des Gurtes. Auch darf der Gurt nicht zu dicht hinter dem Ellbogen

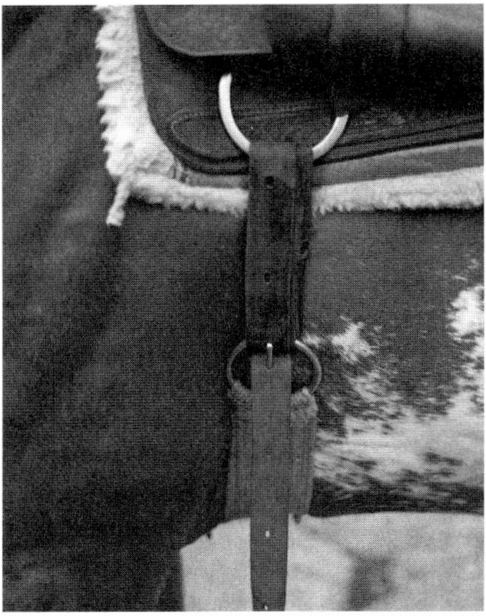

Gurten mit der Sicherung durch einen Dorn im Bauchgurtring

des Pferdes liegen, sonst behindert er seine Bewegungsfreiheit.

Zu diesem Zeitpunkt ist es angebracht, die Hufe des Pferdes auszuräumen. Wenn Sie damit fertig sind, hat das Pferd, wenn es sich beim Angurten etwas aufgeblasen hat, wieder Luft abgelassen, und Sie können nachgurten.

Nun legen Sie das Zaumzeug an. Dazu stellen Sie sich links vom Pferd neben seinen Hals, halten das Zaumzeug in der rechten Hand rechts vom Pferdekopf (Ihr Arm geht also über seinen Hals, bei einem großen Pferd unter seinem Hals her), und mit der linken Hand führen Sie das Gebiß in sein Maul ein. Wenn es das Maul nicht freiwillig öffnet, gehen Sie mit Ihrem Daumen seitlich ins Pferdemaul, und zwar am Ende der Maulspalte, also im Maulwinkel. Das Pferd hat dort eine große Zahnlücke, Sie brauchen also keine Sorge haben, gebissen zu werden. Wenn Sie mit dem Daumen etwas Druck auf die Zunge ausüben, wird es spätestens das Maul öffnen.

Haben Sie das Gebiß im Maul, ziehen Sie mit der rechten Hand das Kopfstück über die Ohren.

Jetzt brauchen Sie nur noch den Kehlriemen, falls vorhanden, zu schließen. Er muß eng anliegen, wenn er einen Sinn haben soll. Benutzen Sie einen Einohrzaum, müssen Sie noch das Ohr hineinstecken. Gehen Sie in jedem Fall sanft mit den Pferdeohren um, sie sind recht empfindlich.

Nun haben Sie Gelegenheit, ein zweites Mal nachzugurten. Dann führen Sie das Pferd ein paar Schritte – aus dem Stall, in die Reitbahn oder einfach nur so ein paar Meter – und überprüfen dann, ob der Gurt sich nochmals gelockert hat und Sie etwas nachgurten können. Und dann können Sie aufsitzen.

Was ziehen Sie an?

Chaps (sprich schäps) = Lederne Beinschützer
Taps (sprich täps) = Steigbügel-Überschuhe

Es gibt für den Westernturnierreiter kaum und für den Westernreiter außerhalb von Turnieren keine Vorschriften bezüglich der Kleidung. Auf Turnieren, jedenfalls auf solchen, die von den amerikanischen Mutterverbänden anerkannt sind, ist das Tragen eines Cowboyhutes, eines langärmeligen Hemdes bzw. einer langärmeligen Jacke und von Cowboystiefeln Vorschrift. Damit erschöpfen sich die Vorschriften was die Kleidung angeht – Farbe, Schnitt, Material usw. bleiben dem Reiter überlassen.

Die typische Reithose für den Westernreiter sind Jeans, obwohl auch die kein Muß sind. Auch Jeans gibt es in unterschiedlichsten Ausführungen. Empfehlenswert sind die Wrangler, und zwar in Cowboy Cut- und Slim Fit-Ausführung. Neue, nicht vorgewaschene Jeans sind steif und nicht gerade tragefreundlich und können zum Wundreiten führen. Da hilft es, wenn Sie sie ein paarmal mitwaschen, bevor Sie sie zum Reiten anziehen.

Neben dem Unaussprechlichen, der sich wundreiten kann, sind es die Kniepartien, die sich leicht auf- und wundscheuern. Oftmals liegt das an zu lose sitzenden Jeans oder Hosen, die im Kniebereich Falten werfen, welche scheuern. Eng sitzende Jeans können das Problem verringern.

Wenn Sie sich erst einmal wundgeritten haben und es nicht zu schlimm ist, helfen Heftpflaster an den Stellen und auch lange Unterhosen.

Auch Chaps können mithelfen, die Reibung zu mindern. Außerdem halten sie im Winter wärmer und, wenn es rauhlederne sind, können sie mithelfen, die Schenkel ruhig zu halten. Rauhlederne sind im Gelände nur bedingt geeignet, da sie Regen und andere Feuchtigkeit aufsaugen. Es gibt Chaps mit Reißverschluß, mit Schnallen oder geschlossene zum Hinein- und Hinausschlüpfen.

Reiten Sie nie mit Turnschuhen, was immer wieder beobachtet werden kann. Absatzlose Schuhe oder Stiefel können durch den Steigbügel rutschen und darin hängenbleiben. Nicht zuletzt deshalb hat der Cowboystiefel einen relativ hohen Absatz, um ein Durch-den-Bügel-Rutschen zu verhindern.

Wenn Sie unbedingt mit Turnschuhen oder Schuhen oder Stiefeln mit flachem Absatz reiten wollen, sollten Sie sich Taps statt einfacher Steigbügel an Ihren Sattel machen, aber solche mit geschlossenem Boden, der ein Hindurchrutschen verhindert.

Ausrüstung

Snaffle bit (sprich ßnäfl bit) = Wassertrense
Bit = Gebiß; wenn man nur von einem Bit spricht, ist gewöhnlich eine Kandarenform gemeint

Es würde zu weit führen, in diesem Rahmen den Westernsattel abzuhandeln. Darüber gibt es ein extra Buch. Außer einem Sattel gehören ein gutes Pad und ein Zaumzeug, besser zwei, zur Minimalausrüstung und gegebenenfalls Sporen.

Sie sollten auf jeden Fall einen Snaffle besitzen, und zwar möglichst einen gebrochenen aus rostendem Eisen, entweder mit seitlichen O-Ringen oder D-Ringen. Unterhalb der Zügel sollte er einen Distanzriemen haben, der verhindert, daß er sich durch das Maul ziehen kann.

Wenn Ihr Pferd ausbildungsmäßig weit genug gefördert ist, können Sie es mit einem Bit reiten. Am besten wählen Sie da einen mit beweglichen seitlichen Anzügen, die deutlich nach hinten gebogen sind. Ob er ein gebrochenes oder starres Mundstück haben sollte, hängt von Ihrem Pferd ab.

Aufsitzen, Absitzen

Cantle (sprich Käntl) = Erhöhter Rand am hinteren Ende des Sitzes

Ein gutausgebildetes Pferd bleibt beim Aufsitzen ruhig stehen. Sie stellen sich links vom Pferd auf, obwohl ein Pferd es auch dulden muß, von rechts bestiegen zu werden. In der linken Hand halten Sie die Zügel und gleichzeitig eine Mähnensträhne, die rechte Hand faßt ans Sattelhorn. Wenn Sie den linken Fuß so nicht allein in den linken Bügel bekommen, schieben Sie ihn sich vorher hinein, bevor Sie mit der rechten Hand ans Horn greifen. Dann steigen Sie auf, ohne dabei dem Pferd Ihre Fußspitze in den Leib zu bohren!

Wenn Sie, wie man das häufig sieht, mit der rechten Hand nicht ans Horn, sondern an das Cantle fassen, birgt das eine Gefahr in sich, und zwar müssen Sie dann, wenn Sie das rechte Bein hinüberschwingen, loslassen. Und wenn sich das Pferd genau in dem Moment bewegt, weil es vielleicht etwas gesehen oder gehört hat, verlieren Sie die Balance, und ein Unfall kann die Folge sein. Wenn Sie die Rechte am Horn haben, können Sie sich immer in den Sattel ziehen, auch wenn das Pferd sich einmal unerlaubt in Bewegung setzen sollte. Besser, Sie gewöhnen es sich gleich richtig an.

Danach müssen Sie nur noch mit dem rechten Fuß in den rechten Bügel finden. Das fällt Ihnen leichter, wenn das Bügelleder so geformt ist, daß der Bügel passend hängt, so daß Sie nur noch hineinzugleiten brauchen. Wenn das bei Ihrem Sattel nicht der Fall ist, machen Sie die Bügelleder im unteren Bereich gut naß, drehen sie nach außen und stecken einen Stiel hindurch, um sie so zu halten. Wenn Sie das ein paarmal über Nacht so gemacht haben, hängt der Bügel genau richtig.

Beim Absitzen machen Sie alles in umgekehrter Reihenfolge. Sie greifen mit der Rechten ans Horn, befreien sich aus dem rechten Bügel, schwingen das rechte Bein über bis auf den Boden und nehmen dann auch das linke aus dem Bügel.

Korrektes Aufsitzen. Die rechte Hand faßt ans Horn, nachdem sie den Bügel auf den Fuß geschoben hat

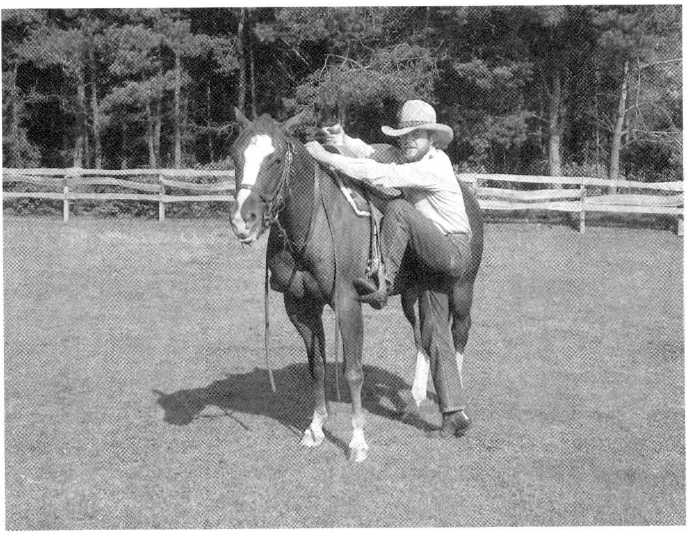

Auch aus dieser Ausgangsstellung kann man aufsitzen, aber auch hier fast die rechte Hand ans Horn oder an die Fork

Wie und warum funktioniert ein Pferd?

Treibende Hilfen = Hilfen, mit denen ein Vorwärtsimpuls ausgelöst wird: Schenkeldruck, Gewichtshilfen, Sporen, Gerte, Stimme

Für jeden Nichtreiter oder Noch-nicht-Reiter ist es kaum faßbar, daß ein so großes und starkes Tier sich nicht nur lenken, beschleunigen und anhalten läßt, sondern sogar mit kleinsten, unsichtbaren Hilfen. Aber so sind Pferde nun einmal. Glücklicherweise.

Wer dieses Gefühl nie kennenlernt, wie ein Pferd auf minimale Gewichtsverlagerung, auf einen Hauch von Schenkeldruck reagiert, der ist kein Reiter, und wenn er seit Jahrzehnten im Sattel sitzt. Sie glauben nicht, wieviele Leute es gibt, die sich jahrelang im Sattel betätigen und doch diese Erfahrungen in ihrem Leben nie machen, die ihr Pferd nicht als Partner, sondern eigentlich als Gegner erleben. Zu denen wollen und werden Sie nicht gehören.

Warum nun ist es möglich, Pferde mit feinen und feinsten Hilfen zu dirigieren?

Ein Grund dafür, daß man all das mit Pferden machen kann, ist die Tatsache, daß es Herdentiere sind. Als Herdentier ist das Pferd von Natur aus so angelegt, daß es auf andere Artgenossen Rücksicht zu nehmen bereit ist – nicht im menschlichen Sinne, aus Einsicht, sondern weil seine ranghöheren Herdengenossen jederzeit bereit sind, es notfalls zum Krüppel zu schlagen, wenn es nicht unverzüglich „spurt". Ein Ohrenzucken, ein nach unten gezogener Maulwinkel reicht aus, um ein rangniederes Tier zu stoppen oder ausweichen zu lassen.

Umgekehrt ist ein Pferd zwar auch jederzeit bereit, sich bei rangniederen Artgenossen ebenso rücksichtslos durchzusetzen, aber diese für uns nützliche Eigenschaft ist vorhanden: auf geringste Signale des ranghöheren Tieres hin zu reagieren. Darin liegt begründet, daß wir es uns dienst-

Die Western Pleasure-Klasse – eine typische „Einsteigerklasse", weil keine schwierigen Manöver, sondern nur Grundgangarten verlangt werden und die Reitern nicht einzeln vorreiten müssen, sondern alle gleichzeitig in der Bahn sind

bar machen können, haben wir uns erst einmal als das ranghöhere „Tier" etabliert. Darin liegt es aber auch begründet, daß dasselbe Pferd, das unter Ihrem Reitlehrer wunderbar geht und funktioniert, dies unter Ihnen noch lange nicht tut, selbst wenn Sie die Hilfe im Prinzip richtig gegeben haben sollten. Pferden, als Herdentieren, ist die Gabe gegeben, jede Unsicherheit, jedes Fehlen an Autorität zu erkennen. Und haben sie diese erkannt, liegt es wiederum in ihrem Naturell, das sofort auszunutzen im Sinne eines Aufstiegs in der Rangordnung.

Wieso lassen sich Pferde nun durch sogenannte „treibende Hilfen" vorwärts treiben?

Pferde sind außerdem Fluchttiere. Ihre erste Reaktion bei Unbekanntem oder bei vermeintlicher Gefahr ist, durch schnelle Flucht Distanz zu schaffen, obwohl sie auch, wenn sie in die Enge getrieben sind, sich entschlossen verteidigen können. Dabei muß zwischen Hengsten und Stuten unterschieden werden – eine Herde wird zwar immer von einer Leitstute geführt, aber vom Hengst bewacht und nach Möglichkeit beschützt. Ein Hengst ist typischerweise aggressiver, und es entspricht seinem Erbgut, sich einer Bedrohung zu stellen und zu kämpfen. Jeder Hengst ist ein potentieller Killer.

Der Fluchtreflex ist aber in jedem Pferd mehr oder weniger ausgeprägt. Wenn ein Pferd eine Berührung am Körper erfährt, entzieht es sich ihr durch Weglaufen. In freier Wildbahn stammt ein Druck auf dem Rücken oder an den Seiten fast immer von einem natürlichen Feind, einem Raubtier, das aufgesprungen ist oder dies versucht hat. Davonlaufen ist – neben Bocken – die Reaktion.

Das Pferd kann aber lernen, einen bestimmten Druck (wie z.B. das Anrempeln durch einen Artgenossen, Druck durch eine Last, einen Sattel, einen Reiter) als ungefährlich zu erkennen und zu tolerieren. Wenn es aber auf Schenkeldruck vorwärtsgeht, ist dies ein Rest der Fluchtreaktion, der nach und nach kontrolliert wird und zu einer gewohnheitsmäßigen, erlernten Reaktion wird.

Genauso hat das Gewicht des Reiters, der sich auf seinen Rücken setzt, zunächst einmal eine vorwärtstreibende Wirkung.

Das Pferd kann nun lernen, trotzdem stehenzubleiben. Es mag trotzdem stehenbleiben, weil es diesem Gewicht gegenüber abgestumpft ist, weil es per Zügelzug am Vorangehen gehindert wird oder weil es gelernt hat, ohne Zügelzug stehenzubleiben und zum Vorangehen auf einen zusätzlichen Impuls durch die Schenkelhilfen oder eine Gewichtshilfe zu warten. Aber Sie müssen wissen, daß das bloße Sitzen auf dem Pferd und erst recht ein tiefes Einsitzen von vornherein eine vorwärtstreibende Wirkung ausübt.

Warum gibt das Pferd dem Gebiß nach, warum gibt es seitlichem Schenkeldruck gegenüber nach?

Wenn es darum geht, daß ein Pferd sich durch Zügelzug regulieren und lenken lassen und es auf gezielte Schenkelhilfen hin seitlich weichen soll, läuft im Prinzip wieder dasselbe ab, was passiert, wenn ein Pferd sich in eine Herde einfügt: Es lehnt sich auf und erarbeitet sich dadurch eine Position, so lange, bis es an Artgenossen gerät, die es nicht unterwerfen kann und denen es auf einen Wink hin gehorchen muß.

So beantwortet ein Pferd auch unter dem Reiter zunächst Druck mit Gegendruck, bis es lernt, daß es dem Druck nachgeben muß, ob er nun durch das Gebiß im Maul oder durch die Schenkel des Reiters verursacht wird.

Ein Pferd ist dann gut geritten, d.h. gut ausgebildet, wenn es dem Druck, der durch den Reiter ausgeübt wird, weicht. Das nicht oder mangelhaft ausgebildete Pferd lehnt sich auf, beantwortet Druck mit Gegendruck. Wenn Sie also z.B. den rechten Unterschenkel an seinen Rumpf drücken, bewegt es seinen Rumpf dagegen, also nach rechts. Das ausgebildete Pferd ist ein gehorsames Pferd (dem ranghöheren Reiter gegenüber). Wenn der Reiter seinen rechten Unterschenkel anlegt, bewegt es seinen Rumpf davon weg, also nach links, wenn er seinen linken Schenkel anlegt, weicht es mit seinem Rumpf nach rechts. Wenn der Reiter über Zügel und Gebiß im Maul Druck auf den Unterkiefer ausübt, weicht es diesem Druck, indem es das Kinn einzieht bzw. anhält oder rückwärts geht.

Weil das Pferd von Natur aus so programmiert ist, ranghöheren Artgenossen gegenüber höchst aufmerksam und auf kleinste Signale hin gehorsam zu sein, deshalb ist es bereit, auch auf den Reiter so fein zu reagieren, hat es ihn erst einmal als ranghöher anerkannt.

Unter dem Sattel wollen wir aber keine Überreaktionen. Einem ranghöheren Pferd kommt es nicht darauf an, ob ein rangniederes auf sein Ohrenzucken hin nur den Schritt zur Seite geht, den es beabsichtigt hat, oder ob es einen heftigen Satz zur Seite macht oder sogar ein paar Schritte davonläuft. Der Reiter möchte die Reaktionen des Pferdes so fein dosieren wie möglich. Deshalb möchte er, daß das Pferd ihn als ein zwar souveränes und konsequentes „Leittier" erfährt, aber auch als ein relativ mildes, eins, das es respektieren muß, demgegenüber es aber auch gelassen bleiben kann.

Pferde untereinander verhalten sich individuell deutlich unterschiedlich. Da gibt es freche, die sich auch ranghöheren Tieren immer etwas herauszunehmen versuchen, und solche, die ganz unterwürfig sind, allem aus dem Weg gehen und zu furchtsamen Überreaktionen neigen. Es gibt „milde" Ranghohe, die zufrieden sind, wenn rangniedrigere Tiere ihnen Platz machen und die nicht dauernd den Herrscher herauskehren müssen, und es gibt solche, die ihre „Untergebenen" gern traktieren. Ähnlich verhalten sie sich auch dem Reiter gegenüber. Die Frechen neigen auch unter dem Reiter oft zur „Aufmüpfigkeit", die zur Überreaktion Neigenden bedürfen eines besonders feinfühligen, geduldigen Reiters.

Ranghohe, dominante Tiere akzeptieren den Reiter nicht so leicht als ranghöher, wie andere, die rangniedrig geboren wurden.

Das Leittier trägt die Verantwortung für die Auswahl der Weidegründe, wann und wo zum Wasser gegangen wird und vor allem, wovor geflohen wird und was als ungefährlich behandelt wird. Jedes Pferd fühlt sich unter der Leitung des autokratischen Leittieres sicherer. Ein Pferd ohne autoritären Reiter ist ein Pferd ohne Leittier; es ist unsicher, in nicht vertrauter Umgebung in höchster Alarmbereitschaft und selbst in vertrauter Umgebung darauf eingestellt, bei jedem Anlaß zu scheuen. Je autoritärer und bestimmender Sie ein Pferd behandeln, desto mehr Vertrauen wird es in Sie fassen, desto williger arbeitet es für Sie. Jede Freizügigkeit von Ihrer Seite, jede Inkonsequenz legt es als Schwäche aus und somit als Mangel an Vertrauenswürdigkeit. Sein Vertrauen verlieren Sie nie durch Strenge, sondern nur durch das Gegenteil. Außerdem können Sie sein Vertrauen verlieren, in dem Sie unberechenbar für es sind, z.B. aus keinem ersichtlichen Grund strafen. Wobei Sie immer beachten müssen, daß Lob oder Strafe *sofort* erfolgen müssen, nicht erst ein, zwei Minuten später – dann bringt das Pferd dies gedanklich nicht mehr mit dem Vorausgegangenen in Verbindung.

Schweifschlagen und Lupfen eines Hinterbeines, Ausschlagen nach vorn mit einem Vorderbein, aber auch Schreie gehören zu den starken Ausdrucksformen bzw. Drohgebärden, mit denen Pferde sich verständigen. Ohrenanlegen, Abwärtskneifen der Maulwinkel, der böse Augenausdruck sind subtilere Verständigungsformen, die oftmals ausreichen. Sanftes Wiehern und „Blubbern", sanfter Augenausdruck und gespitzte Ohren sind feine und feinste Ausdrucksweisen, mit denen Pferde sich sagen, daß sie freundlich gesinnt sind, bereit zum gegenseitigen Beknabbern oder Fliegenwegwedeln oder mit dem sie Hunger, Freude oder Einsamkeit ausdrücken können.

Pferde als Herdentiere müssen diese Kommunikationsmöglichkeiten haben, sonst kann ein Herdenleben nicht funktionieren. Pferde sind, weil sie von Natur aus so programmiert sind, auf Ausdrücke ihrer Artgenossen zu achten und zu reagieren, auch in der Lage, neue Ausdrucksformen verstehen zu lernen, mit denen Sie als Mensch sich ihm mitteilen.

Denken Sie darum bei Ihrem Umgang mit Ihrem Pferd immer daran, mit ihm zu kommunizieren. Sagen Sie ihm, wenn es etwas falsch gemacht hat, und – ebenso wichtig – sagen Sie ihm, wenn es etwas richtig gemacht hat. Im Positiven wie im Negativen können Sie sich ihm sprachlich und durch Gebärden und Handlungen mitteilen. Ein scharfes „Na!" kann es ebenso als Tadel verstehen lernen, wie es ein „Brav" oder ein Klopfen als Lob verstehen kann. Auch eine Verschnauf- oder Gedankenpause beim Reiten versteht es als Lob.

Reitanfänger haben fast immer das Problem, nicht prompt genug zu tadeln oder zu strafen und nicht prompt genug und ausreichend genug zu loben bzw. zu belohnen.

Das Pferd teilt Ihnen immer mit, was es zu sagen hat, es kann gar nicht anders. Besonders wichtig ist, daß Sie auf seine Ohren achten, die seinen Gemütszustand und seine Absichten am auffälligsten kundtun. Wann immer es seine Ohren flach an den Kopf legt, ist es höchst übel gelaunt und auf Abwehr oder Angriff eingestellt. Dreht es jedoch eins oder beide beim Reiten nach hinten, zeigt das nur, daß es Ihnen seine Aufmerksamkeit schenkt. Hat es ständig beide Ohren nach vorn oder vorwärts und seitwärts gestellt, ist es mit seiner Aufmerksamkeit ganz woanders. Stellt es ein Ohr seitlich ab, beobachtet es etwas dort und wird möglicherweise davor scheuen.

Innen und außen

Reverse arc (sprich riwörs ark) = Entgegen der Bewegungsrichtung gestellt bzw. gebogen
Counter bend (sprich kauntr bent) = Dto.

Als Reiter muß man wissen, wo innen und wo außen ist. Sie meinen, daß sei albern? Sagen Sie das nicht. Das ist beim Reiten nicht so selbstverständlich, denn da kann innen auch außen sein und außen innen.

Es kommt immer darauf an, ob man sich auf das Pferd bzw. die Bewegungsrichtung oder Stellung des Pferdes bezieht, oder ob man sich auf die Reitbahn bezieht. Wenn Sie sich eine Reitbahn vorstellen, in der Sie im Uhrzeigersinn außen, also an der Begrenzung entlang, herumreiten, so ist Ihr linkes Bein das äußere, weil es nach außen gewandt ist, und das rechte, weil es dem Bahninneren zugewandt ist, wird als das innere Bein bezeichnet.

Wenn Sie ein Pferd auf einem Zirkel reiten, so ist das zum Zirkelmittelpunkt gewandte Bein das innere und das andere das äußere, egal, wo in der Bahn Sie sich befinden.

Wenn ein Pferd einen Zirkel, einen halben Zirkel oder eine Wendung macht, soll es normalerweise mehr oder weniger nach innen gestellt sein, d.h. innen bezieht sich hier auf den Mittelpunkt des Zirkels bzw. die Richtung, in die gewendet wird. Wenn wir bei dem Beispiel bleiben, daß Sie im Uhrzeigersinn außen herumreiten, wobei Ihr linkes Bein das äußere ist, so wird Ihr linkes Bein in dem Moment zum inneren, wo Sie gegen die Begrenzung, also nach links, wenden.

Dasselbe gilt natürlich auch für die Zügel, die Zügelhände, die Schulter etc. Auf der Seite, wo der innere Schenkel ist, ist auch die innere Zügelhand usw.

Wenn ein Pferd „nach außen gestellt“ ist, so ist es nicht in Bewegungsrichtung gebogen, sondern gegen die Bewegungsrichtung gebogen. Eine solche Stellung nennt man im Westernreiten „Reverse arc“ oder „Counter bend“. Das ist der Fall, wenn das Pferd z.B. nach links geht, aber nach rechts gestellt, d.h. gebogen ist.

Die „Flügelschraube“; Vorhand, Mittelhand, Hinterhand

Front end = Vorhand
Rib cage (sprich Rib käidsch) = Mittelhand
Rear end (sprich rihr end) = Hinterhand
Hind quarters (sprich haind kuartrs) = Hinterhand

Der Nichtreiter würde meinen, Pferde hätten überhaupt keine Hände, sondern vier Beine mit Hufen daran. Wenn Sie Reitern aber zuhören, werden Sie finden, daß sie scheinbar sogar mehr Hände haben als Menschen. Da ist die Rede von der Vorhand, der Mittelhand und der Hinterhand eines Pferdes. Das sind Bezeichnungen, die das Pferd in drei Teile einteilen: das Vorderteil des Pferdes (welches sich *vor* der Reiterhand befindet), die Hinterhand des Pferdes (die *hinter* der Reiterhand ist) und die Mittelhand, die der Pferdmitte entspricht.

Der Westernreiter benutzt häufig die amerikanischen Bezeichnungen Front end, Rib cage und Rear end oder Hind quarters, aber das ist nicht so wichtig.

Wichtig dagegen ist, daß Sie wissen, daß ein Pferd von Natur aus in Wendungen und Zirkeln wie eine Flügelschraube operiert – wenn die Vorhand nach links geht, geht die Hinterhand nach rechts (und umgekehrt). Das heißt, das Pferd dreht sich um die Mitte oder Mittelhand. Eine solche Drehung oder Wendung um die Mittelhand wird nun in der Regel als etwas Übles angesehen. Das Pferd soll auf der Hinterhand arbeiten. Alles dressurmäßige Reiten zielt darauf ab, das Pferd vorn aufzurichten und dazu zu bewegen, vermehrt Gewicht auf die Hinterhand zu nehmen. In Disziplinen wie Reining oder Cutting sind Wendungen und Drehungen auf der Hinterhand das A und O.

Das vermehrte Aufnehmen von Gewicht durch die Hinterhand hat auch einen gesundheitlichen Aspekt. Das Pferd ist so gebaut, daß die Hinterhand kräftiger und besser zum Lastentragen geeignet ist als die Vorhand. Der Schwer-

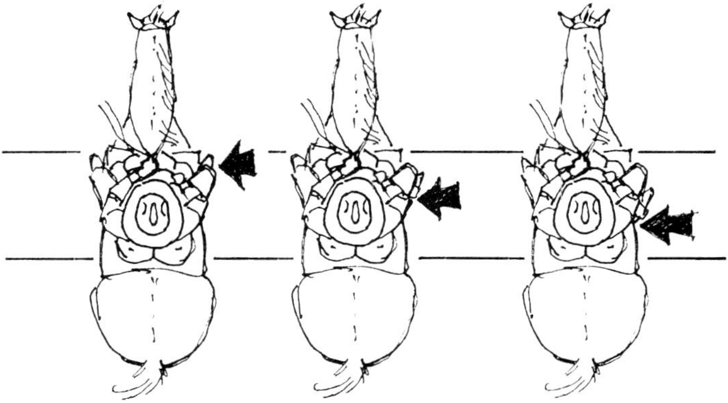

Die Schenkelhilfe am Gurt (zur Kontrolle der Schulter bzw. Vorhand), knapp hinterm Gurt (zur Kontrolle der Mittelhand oder des Rib Cage) und deutlich hinterm Gurt (zur Kontrolle der Hinterhand oder Hüfte)

punkt eines Pferdes liegt aber vor der Körpermitte. Das liegt daran, daß das Pferd ein Lauftier ist und von Natur aus keine Last auf seinem Rücken tragen muß. Ein reiterlich nicht gefördertes Pferd trägt den überwiegenden Teil seines und des Reiters Gewichtes auf der Vorhand, was zu einem Verschleiß der Vorhand führt. Darum scheiden die meisten Pferde wegen Vorhandschäden aus. Je mehr das Pferd lernt, mit der Hinterhand Gewicht aufzunehmen, desto schonender wird es geritten und desto länger wird es gesund bleiben.

Nun könnten Sie argumentieren, daß Sie vielleicht nur durch den Busch reiten wollen und es Ihnen egal ist, ob Ihr Pferd eine „Flaschendrehung" (Mittelhanddrehung) macht oder nicht, solange es brav ist und dahin geht, wohin Sie wollen. Wenngleich das ein Standpunkt ist, den man zunächst gelten lassen könnte, ist es doch so, daß es immer einen Mangel an Kontrolle beweist, wenn ein Pferd keine Hinterhandwendung macht, abgesehen von den o.g. gesundheitlichen Gründen. Wenn Sie also wirklich einmal mit Ihrem Geländepferd in eine knifflige Situation geraten, wo es mit der Hinterhand nicht nach außen ausbrechen darf, weil es sonst an einen Stacheldrahtzaun kommt oder in ein Loch tritt oder einen Eimer umkippt oder was weiß ich, und wenn es dann nicht gelernt hat, seine Hinterhand durch Ihre Schenkelhilfe kontrollieren zu lassen, dann geht es eben nicht mehr genau dahin, wohin Sie wollen...

Es ist zugegebenermaßen alles eine Frage des Maßstabes. Manch einer, der sagt, sein Pferd ginge mit ihm überall hin, denkt nicht einmal daran, was es dabei für Zickzacklinien beschreibt, solange es ungefähr daher geht, wo er will, und solange es etwa da landet, wohin er wollte. Ein anderer Reiter ist stolz darauf, daß sein Pferd keinen falschen Tritt tut und er es exakt lenken kann. Man muß aber sagen, daß die, welche sich mit mangelhaft ausgebildeten Pferden ins Gelände wagen, sich und andere gefährden.

Wenn Sie also die Vorhand Ihres Pferdes in eine Richtung lenken, geht die Hinterhand in die entgegengesetzte, es sei denn, Sie verhindern das durch Einsatz von Schenkel- und Gewichtshilfen.

Der Einsatz von Gewichtshilfen erfordert einen fortgeschrittenen Reiter; Sie sollten Ihre diesbezüglichen Bemühungen zunächst darauf konzentrieren, mitten im Pferd und gerade zu sitzen.

Die meisten Anfänger machen den Fehler, sich mit dem Oberkörper in die Richtung zu lehnen, in die sie reiten wollen. Damit schieben sie durch Ihr Gewicht aber das Pferd in die entgegengesetzte Richtung. Wenn Sie z.B. nach links wollen, muß Ihr Gewicht etwas rechts vom Mittelpunkt des Pferdes sein, wenn Sie es damit von rechts nach links schieben wollen. Sie können eine Schubkarre auch nicht schieben, wenn Sie draufsitzen oder davor stehen – um sie voranzuschieben, müssen Sie hinter die Schubkarre treten. Wenn Sie einen Sessel mit Rollen darunter nach links schieben wollen, können Sie das nicht von links tun, sondern nur von rechts.

Wichtiger ist für Sie am Anfang die Schenkelhilfe. Um z.B. zu verhindern, daß Ihr Pferd, wenn Sie es nach links lenken, mit der Hinterhand nach rechts ausbricht, müssen Sie Ihren rechten Schenkel hinterm Gurt anlegen. So können Sie die Hinterhand des Pferdes kontrollieren, was in diesem Fall bedeutet, sie zu begrenzen und am Ausbrechen zu hindern.

Wie schon erwähnt, beantwortet ein Pferd zunächst Druck mit Gegendruck. Aber ein gutausgebildetes Pferd hat gelernt, nachzugeben, zu gehorchen. Wenn Sie Schenkeldruck ausüben, so weicht es diesem.

Deshalb können Sie mit Schenkeldruck am oder vor dem Gurt die Schulter, d.h. die Vorhand des Pferdes bewegen und kontrollieren, knapp hinterm Gurt die Mittelhand und deutlich hinterm Gurt die Hinterhand.

Diese Verschiebungen von Vor- oder Hinterhand erreicht man leichter, wenn gleichzeitig das Pferd per Zügelannehmen etwas gebremst wird. Denn jeder Schenkeldruck, auch ein einseitiger, ist zugleich auch eine treibende Hilfe. Wenn Sie das Pferd vorn nicht zurückhalten, entlädt sich ein großer Teil Ihrer Schenkelhilfe als Vorwärtsbewegung, wenn Sie aber den Vorwärtsimpuls, den Sie durch Ihren Schenkeldruck erzeugen, vorn nicht hinauslassen, setzt er sich zum größten Teil um in seitliche Verschiebung.

Es ist wichtig, daß Sie sich dieses Prinzip klarmachen und einprägen. Das Pferd hat ja nun mal kein Lenkrad; es wird hauptsächlich durch Treiben und Bremsen gelenkt und dirigiert. Stellen Sie sich Ihr Pferd in einer Box vor, deren Seitenwände aus Türen bestehen, die wahlweise geöffnet oder geschlossen werden können. Sie erzeugen einen Vorwärtsimpuls, der das Pferd in Bewegung setzt; wenn alle Seiten zu und nur die vordere Tür offen ist, geht es geradeaus. Schließen Sie die vordere Tür (Zügel/Gebiß) und die rechte (Schenkel) und öffnen die linke Seite, geht es nach links. Öffnen Sie die rechte Tür und haben die linke und vordere Seite geschlossen, geht es nach rechts. Sind die beiden seitlichen Türen (Schenkel) und die vordere (Zügel/Gebiß) geschlossen und Sie lassen nur die hintere offen, so geht es rückwärts.

Der korrekte Sitz

Aussitzen = Das Gesäß wird nicht entlastet, sondern der Reiter sitzt voll ein, d.h. hat das meiste seines Gewichtes im Sattel und nur wenig Gewicht in den Bügeln

Leichter Sitz = Der größte Teil des Reitergewichtes ist in den Bügeln, kein oder nur wenig Gewicht ist im Sattel
Leichttraben = Jeder zweite Trabschritt wird nicht ausgesessen, sondern der Reiter steht dabei in den Bügeln

Der korrekte Sitz wurde nicht willkürlich festgelegt, sondern ist funktionell bedingt und hängt ursächlich mit der effektiven und darum korrekten Hilfengebung zusammen. Darum sind Sie, wenn Sie korrekt sitzen, ein besserer Reiter.

Der Reiter muß „mitten im Pferd" sitzen, d.h. weder zu weit vorn, auf dem Widerrist, noch zu weit hinten, auf der Nierenpartie. Nur dann stimmt er mit dem Schwerpunkt des Pferdes überein und kann alle Teile des Pferdes optimal kontrollieren.

Der Sitz muß vor allem ruhig sein, fest am Pferd „kleben". Das kann er nur, wenn der Reiter im Gleichgewicht ist und mit den Bewegungen des Pferdes geht.

Der gute Sitz zeichnet sich durch absolut ruhige Hände aus, und nur wenn Ihr Sitz ruhig und im Gleichgewicht ist, können Sie die Hände ruhig halten. Nur wenn Sie Ihre Hände ruhig halten können, sind Sie in der Lage, damit feinfühlig und dosiert einzuwirken. Auch bei einhändiger Zügelhaltung bleiben *beide* Hände ruhig, denn eine unruhige, flatternde freie Hand wirkt sich negativ auf das Pferd aus.

Aus demselben Grund hängen die Beine des Reiters ruhig herab. Auch das ist nur möglich, wenn der Reiter im Gleichgewicht und ruhig sitzt. Nur wenn Sie Ihre Beine still halten können, vermögen Sie feindosierte Schenkelhilfen zu geben.

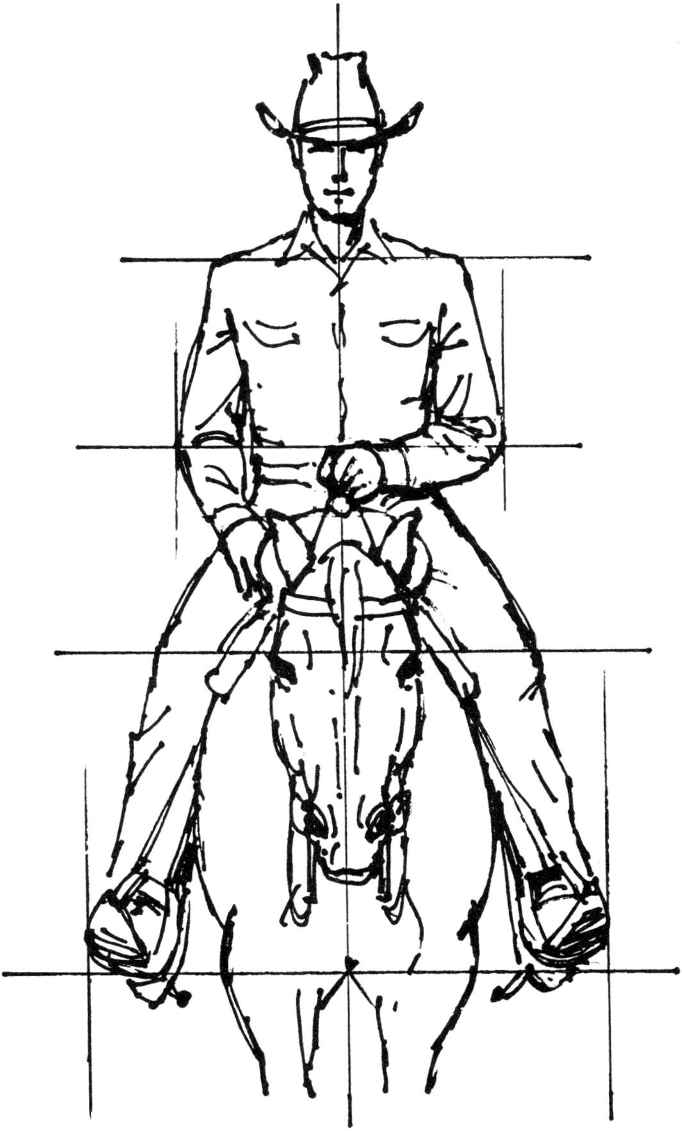

Der korrekte symmetrische Sitz

Und nur wenn Sie still und ruhig „mitten im Pferd" sitzen, können Sie dosierte und korrekte Gewichtshilfen geben.

Desweiteren ist der korrekte Sitz symmetrisch. Wenn Sie asymmetrisch sitzen, stimmen Sie mit dem Gleichgewicht des Pferdes nicht überein und muten Ihrem Pferd zu, diese Imbalance zu kompensieren. Dosierte Abweichungen von der symmetrischen Grundposition bewirken Gewichtsverlagerungen, mit denen Sie das Pferd lenken können.

Symmetrisch zu sitzen bedeutet,

1. daß, von vorn gesehen, die Mittelachse des Reiters mit der des Pferdes übereinstimmt und daß beide Beine gleichmäßig herabfallen und die Bügel auf jeder Seite gleich lang geschnallt sind. Bei beidhändiger Zügelführung befinden sich beide Hände im selben Abstand zur Mittelachse des Pferdes und in derselben Höhe. Bei einhändiger Zügelhaltung befindet sich die Zügelhand genau an der gemeinsamen Mittelachse von Pferd und Reiter.

2. Von oben gesehen, werden die Schultern des Reiters genau rechtwinklig zur Längsachse des Pferdes getragen. Beide Beine des Reiters befinden sich auf derselben Höhe.

Von der Seite betrachtet, sitzen Sie dann im Gleichgewicht, wenn Sie mit dem Oberkörper (genauer, zwischen Gesäß und Kopf) weder vor, noch hinter der Senkrechten sind. Andere Kriterien bei der Beurteilung von der Seite sind:

1. Ein aufrechter Sitz; d.h. vom Gesäß bis zum Kopf ist der Reiter aufgerichtet, die Schultern sind leicht zurückgenommen (was nicht bedeutet, daß der Oberkörper zurückgelehnt wird), die Brust vorgewölbt, das Kinn hoch und zurückgenommen, der Blick geht frei geradeaus. Die Wirbelsäule bleibt aufgerichtet, d.h. wird nicht im Bereich des Beckens nach hinten gekrümmt, bzw. der obere Becken-

Der aufrechte, korrekte Sitz von der Seite

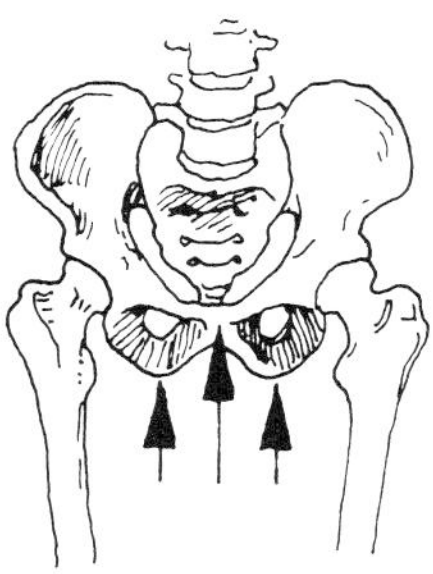

Der Sitz mit „Dreipunktekontakt"

rand wird nicht nach hinten gekippt. Auch wenn man nicht aufgerichtet sitzt, kann man im Gleichgewicht sein, also mit seinem Schwerpunkt mit dem des Pferdes übereinstimmen, aber man kann keine effektiven Hilfen geben und nicht tief im Pferd sitzen.

2. Das Reiterknie ist tief; das bedingt einen tiefen Absatz und einen tiefen Sitz. Ein tiefer Absatz bedeutet einen sicheren Sitz, einmal weil er Halt nach vorn gibt, zum anderen, weil er einen tiefen Sitz

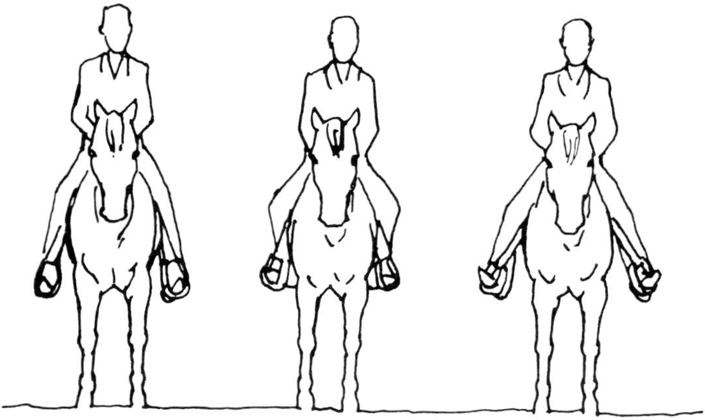

a b c

a) Richtige Schenkelhaltung in Grundstellung – die Beine fallen locker herab, und die Wade liegt leicht am Pferd

b) Falsche Grundhaltung; der Reiter klammert sich mit Wade und Absatz an – so kommen die Schenkel nur kurzfristig einmal zum Treiben ans Pferd

c) Falsche Grundhaltung – die Beine sind abgespreizt

bedingt, der das Pferd vorn aufrichtet und sicherer ist, als wenn jemand nur „oben drauf" sitzt und wie eine tote Last mitgenommen wird. Der tiefe Absatz wirkt, ebenso wie das Knie, als Stoßdämpfer, der das Gewicht des Reiters elastisch abfedert.

Nur wenn bei niedergetretenem Absatz das Knie noch leicht gewinkelt bleibt (auch im Trab und Galopp!), können Ihre Knie und Absätze die federnde, stoßdämpfende Funktion haben. Durchgedrückte Knie bedeuten gestreckte, starre Beine, und starre Beine können nicht einfühlsam einwirken. Durchgedrückte Knie sind typisch für zu lang geschnallte Bügel – Sie reiten dann „hinter Ihren Bügeln her" und nicht in der Balance. Deshalb ist es wichtig, die Bügellänge richtig einzustellen. Sie haben vielleicht gehört, daß der Westernreiter mit langen Bügeln reitet. Das ist richtig, aber auch relativ. Sie müssen wissen, daß die Bügel „länger werden", sobald Sie traben oder galoppieren. Wenn Sie im Stand oder Schritt die Bügel so anpassen, daß Sie gerade noch Spannung auf dem Bein haben und die Bügel sich angenehm anfühlen, werden Sie beim Traben und Galoppieren zu lang sein. Lassen Sie sich beim Anpassen ggf. von Ihrem Reitlehrer helfen.

Ein tiefer Absatz bedingt auch eine stramme Wade, mit der Sie effektiv Schenkeldruck geben können. Ein hoher Absatz bedeutet eine schlaffe Wade, die für Schenkelhilfen ungeeignet ist.

Ein solch tiefes Knie liegt in der Regel auch ruhig; das ganze Reiterbein sollte still hängen.

Liegt Ihr Knie tief, bedeutet das automatisch, daß Sie Ihre Unterschenkel nicht nach vorn strecken können. Ihre Unterschenkel liegen idealerweise so, daß sich der Absatz etwa unter der Mittelachse Ihres Körpers befindet oder leicht davor. Liegt Ihr Knie tief, verhindert das gewöhnlich ein Zurücklehnen des Oberkörpers, bzw. bei korrekt getragenem Oberkörper haben Ihre Unterschenkel die Tendenz, in die richtige Lage zu rutschen.

Ihre Oberarme lassen Sie locker herabfallen, so daß die Ellbogen dicht am Oberkörper sind, ohne jedoch angepreßt zu werden. Auch abgespreizte Ellbogen sind symmetrisch, tendieren aber zum Flattern, besonders im Galopp, was Unruhe bedeutet und gewöhnlich auch unruhige Hände.

Bei beidhändiger Zügelführung werden beide Hände auf derselben Höhe gehalten; die Höhe ergibt sich durch eine gedachte Linie, die das Pferdemaul und Ihre Ellenbogen verbindet. So wird die Hand weder zu hoch, noch zu tief gehalten, und eine ununterbrochene Kommunikationslinie zwischen Ihrer Hand und dem Pferd ist gegeben.

Ihre Hände halten Sie aufrecht, also mit dem Daumen nach oben, das Handgelenk drehen Sie weder nach innen, noch nach außen, weder nach oben, noch nach unten, weil

Beginn des Galoppsprungs im Linksgalopp – das Pferd stößt sich mit dem rechten Hinterbein ab und ist kurz vor der diagonalen Zweibeinstütze links hinten/rechts vorn. Als letzter wird das linke Vorderbein auffußen. Pferd (Paint Horse-Hengst) und Reiter im Gleichgewicht, die Schenkel liegen gut, der Absatz ist tief; die Brust könnte mehr vorgebracht und der Kopf höher getragen werden

sonst der „Kommunikationsdraht“ nicht mehr ungebrochen wäre und verdrehte Handgelenke auch gewöhnlich verkrampfte Zügelhände anzeigen, und verkrampfte Hände können nicht gefühlvoll einwirken.

Bei einhändiger Zügelhaltung sollte die Zügelhandposition so weit wie möglich derselben Höhe entsprechen, d.h. dicht über oder dicht vor dem Sattelhorn. Hier ist eine Zügelhaltung mit nach oben zeigendem Handrücken wegen einer gleichmäßigen Zügeleinwirkung vorteilhaft, wenngleich eine aufrecht stehende Zügelhand auch akzeptabel ist.

Bei der beidhändigen Zügelführung bleiben die Hände immer in derselben Position. Bei der einhändigen darf sich die Zügelhand minimal nach rechts und links bewegen, ideal ist auch hier eine möglichst stillstehende Hand.

Weitere Kriterien des korrekten Sitzes sind, daß die Fußspitzen nicht extrem nach außen gedreht werden, wenngleich ein leichtes Nach-außen-Drehen im Sinne einer effektiven Hilfengebung ist, weil so mit der Wade eine effektivere Schenkelhilfe gegeben werden kann.

Wenn alle Punkte vorschriftsmäßig erfüllt sind und Ihr Sitz nicht locker und gelöst ist, ist es dennoch kein guter Sitz. Lässig bedeutet nicht nachlässig. Nur wenn Sie entspannt und locker sitzen, können Sie feindosiert einwirken.

Häufig zu beobachtende Fehler sind:

Seitliches oder Vor- bzw. Zurücklehnen des Oberkörpers
Vorgehen mit der inneren/äußeren Schulter
Einknicken in der inneren Hüfte
Runder Rücken (nicht aufgerichteter Oberkörper)
Schieflage des Kopfes/Halses
Zu hohe/zu niedrige Hände
Unruhige Hände
Abgespreizte, flatternde Ellbogen
Zu hohe Knie (Stuhlsitz)

Vorgestreckte Unterschenkel
Gestreckte Beine/zu lange Bügel
Hoher Absatz
Steifer, verkrampfter Sitz

Das alles sind Informationen, die Ihnen sagen sollen, wie der korrekte Sitz aussieht. Über das eigentliche *Sitzen* haben wir noch nicht gesprochen. Jetzt verlassen wir das Gebiet des optisch Wahrnehmbaren und begeben uns in den Bereich der *Gefühle*.

Grundsätzlich haben manche Reiter mehr Gewicht in den Steigbügeln als im Sattel, und andere wiederum sitzen aus, haben das meiste Gewicht im Sitz des Sattels, d.h. auf ihrem Gesäß, und in den Bügeln gerade so viel, daß sie diese nicht verlieren bzw. daß der Absatz niedergetreten bleibt. Weder das eine noch das andere kann als unkorrekt bezeichnet werden, solange der Reiter im Gleichgewicht bleibt. Ein Reiter muß aber in der Lage sein, in allen Gangarten auszusitzen, und sei es nur gelegentlich, sonst ist er kein vollwertiger Reiter.

Das Aussitzen ist natürlich das eigentliche Sitzen, denn wenn sich das meiste Gewicht in den Bügeln befindet, steht der Reiter mehr als daß er sitzt. Beim Sitzen kann vor allem der Fehler gemacht werden, daß man die Gesäßbacken zusammendrückt. Das wiederum geschieht oft, weil der Reiter sein Hinterteil schonen will, das möglicherweise schon vom Reiten schmerzt, vielleicht sogar wund ist.

Wie jede ungewohnte Tätigkeit, kann auch das Reiten Schmerzen verursachen. Wenn Sie richtig eingesessen hatten, werden Ihnen die Stellen unter Ihren Gesäßknochen weh tun. Auf den Gesäßknochen müssen Sie sitzen, und wenn diese nach dem Reiten schmerzen (bzw. wenn Sie diese am nächsten Tag beim Reiten schmerzvoll spüren), dann wissen Sie wenigstens, daß Sie richtig darauf gesessen hatten. Wenn Sie lange genug reiten, gewöhnen sich die Partien daran, härten ab, und es macht Ihnen nichts mehr aus. Es hilft nichts, Sie müssen da durch. Wenn Sie den Allerwertesten nicht „breit machen“ und voll einsitzen, kommen Sie reiterlich nicht zum Ziel.

Auf den beiden Gesäßknochen zu sitzen, ist nicht alles. Beim korrekten Sitz sitzen Sie mit „Drei-Punkte-Kontakt“, nämlich auf dem „Schritt“ und den beiden Gesäßknochen. Wenn Sie nur auf den beiden Gesäßknochen sitzen, sitzen Sie zu weit nach hinten gelehnt. Wenn Sie den Drei-Punkte-Kontakt haben, sitzen Sie senkrecht bzw. weit genug vorwärts, und Ihr Rücken ist im Bereich des Beckens und knapp darüber hohl, wie es der natürlichen Krümmung der Wirbelsäule entspricht.

Wenn Sie feststellen, daß sich Ihr Steißbein meldet, sind Sie nach hinten gelehnt geritten.

Es ist sehr wichtig, daß Sie lernen, die beiden Gesäßknochen zu erfühlen und den dritten Kontaktpunkt vorn zu finden.

Sie werden über kurz oder lang auch vom Reiten im „leichten Sitz“ hören. Das bedeutet, daß der Reiter den Sattel entlastet und mehr oder weniger in den Bügeln steht, eine Art zu reiten, die besonders auf Distanzritten in flotterer Gangart vorteilhaft sein kann.

Das Leichttraben wird oft falsch ausgeführt, indem sich der Reiter dabei entweder an den Zügeln festhält oder aktiv in den Bügeln aufsteht oder beides. Im Gegensatz zu einem landläufigen Vorurteil sind Westernreiten und Leichttraben durchaus keine nicht zu vereinbarenden Gegensätze. Wenn Sie leichttraben, so müssen Sie das aber zügelunabhängig tun, und das Wesentliche dabei ist, daß Sie jeden zweiten Trabschritt nicht aussitzen, also den Sattel/Pferderücken entlasten. Es kommt überhaupt nicht darauf an, das Gesäß möglichst hoch über den Sattel zu bringen. Aktiv aufstehen sollen Sie nicht dabei, sondern nur vom Schwung des Pferderückens nach oben gehoben werden.

Sie üben Ihren Sitz an der Longe

Aus all dem erkennen Sie leicht, wie wichtig es ist, zunächst einmal einen ordentlichen Sitz zu erwerben. Solange Sie Gleichgewichtsprobleme haben, solange sich Ihre Hände unkontrolliert bewegen, Ihre Beine sich festklammern, können Sie einem Pferd nicht gerecht werden, und nur ein abgestumpftes Tier läßt sich das gefallen, ohne durchzugehen.

Wenn Ihr Reitlehrer das Pferd an die Longe nimmt, können Sie sich ganz auf Ihren Sitz konzentrieren, brauchen sich nicht darum zu sorgen, daß Ihr Pferd in die richtige Gangart geht, in der Gangart bleibt, daß es anhält, daß Sie es nicht im Maul stören. Das regelt alles die Person an der Longe. Sie sitzen nur, versuchen, gerade zu sitzen, nicht nach innen zu lehnen, nicht in der Hüfte einzuknicken, sich nicht nach innen zu verdrehen, Knie und Absatz tief zu lassen.

Anfangs können Sie sich dabei sogar am Sattel festhalten, später kurzfristig loslassen, schließlich immer ohne Festhalten reiten. Lieber zunächst am Sattelhorn festhalten, als sich mit den Beinen festklammern.

Ob Ihr Reitlehrer Sie dabei auch zum Teil ohne Bügel reiten läßt, sollte ihm überlassen bleiben. Viele gewöhnen sich durch das Reiten ohne Bügel das Anklammern mit den Beinen an, aber wenn Ihr Reitlehrer darauf achtet, daß das nicht passiert, ist es eine gute Übung.

Wenn Ihr Sitz sich verbessert hat, wird Ihr Reitlehrer von Ihnen verlangen, daß Sie, während er longiert, die Gangart zu bestimmen versuchen, d.h. daß Sie treibende Schenkelhilfen geben lernen, bis hin zum Angaloppieren.

Der nächste Schritt ist dann, daß Sie die Zügel in die Hand oder in die Hände nehmen dürfen, um selbst zu versuchen, das Pferd im Maul auszufühlen, es zu verlangsamen oder nach innen zu wenden, während der Reitlehrer durch Longe und Peitsche alles noch unter Kontrolle behält.

Auf diese Weise können Sie sich Schritt für Schritt einen Sitz aneignen, der Sie schließlich in die Lage versetzt, es selbständig auf dem Pferd zu versuchen, ohne dabei unbeabsichtigt das Pferd zu traktieren.

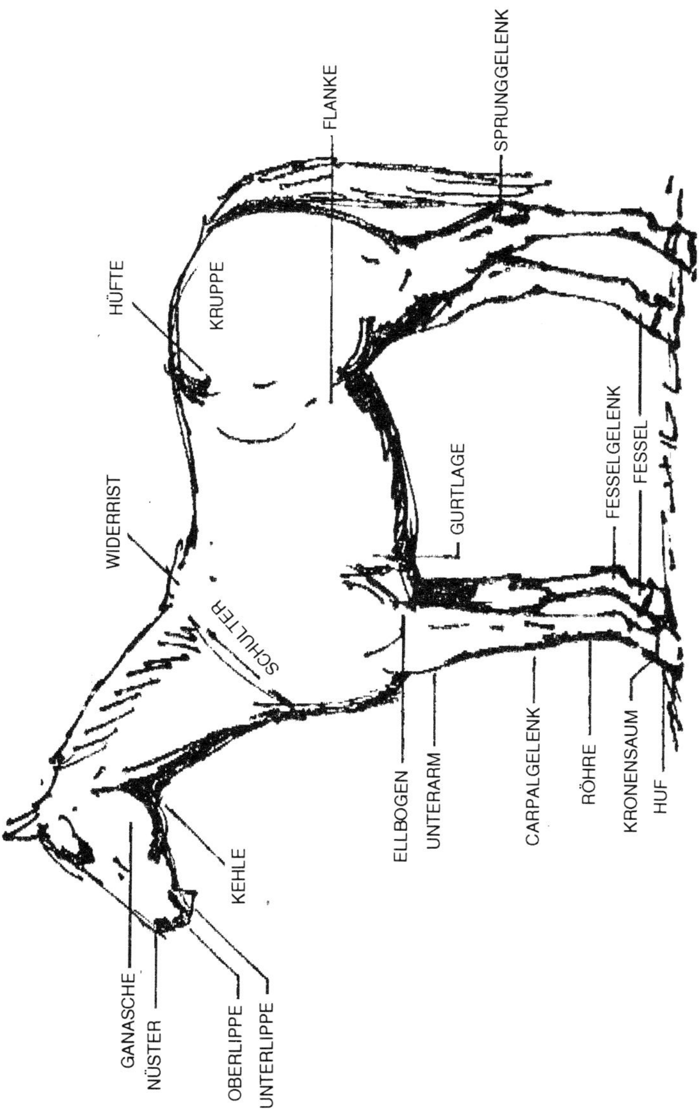

Die einzelnen Körperteile des Pferdes

Die Bedienung oder Hilfengebung – Sie setzen das Pferd in Bewegung

Lead (sprich Lihd) = Bezieht sich hier auf einen Galopp und bedeutet soviel wie Führung, nach dem jeweils führenden Vorderbein

Jetzt sitzen Sie drauf und wollen losreiten. Wenn Sie und Ihr Pferd ein eingespieltes Team sind, reicht dazu ein Vorgehen mit dem Oberkörper und der Zügelhand, und das Pferd tritt an.

Aber wir fangen ja ganz vorn an.

Sie sitzen also erstmals drauf, und um anzutreten, geben Sie eine treibende Hilfe, indem Sie beide Schenkel sanft anlegen, d.h. bei heruntergetretenem Absatz kommen Ihre Waden ans Pferd. Wie zuvor besprochen, geht das Pferd daraufhin vorwärts, weil es diesem Druck entgehen will. Sobald es sich vorwärts in Bewegung gesetzt hat, lassen Sie mit dem Druck durch Ihre Beine nach und lassen diese wieder locker herabhängen.

Wir befinden uns jetzt im Schritt. Sagen wir, Sie wollen antraben. Dazu machen Sie wieder dasselbe, Sie geben mit beiden Schenkeln Druck – nicht plötzlich oder gar als Klopfen, sondern graduell schließen Sie die „Zange" Ihrer Beine/Unterschenkel, bis Sie mit Ihren Waden Druck ausüben. Wenn Sie ein sensibles Pferd reiten, werden Sie überrascht sein, daß es schon antrabt, bevor Sie wirklich dazu kommen, mit den Waden zu drücken. Wenn Sie ein unsensibles Pferd reiten, müssen Sie möglicherweise sogar mit dem Absatz oder Sporn drücken.

Hier müssen Sie lernen, Ihre Beine zwar graduell zuzumachen, aber dies geschieht beim geübten Reiter doch innerhalb einer oder zwei Sekunden. Eine Hilfe prompt und dosiert geben zu können und eine prompte Reaktion zu erreichen, ohne das Pferd durch eine abrupte oder plötzliche Hilfe zu überfallen, gehört zum guten Reiten. Das *Gefühl* dafür muß entwickelt werden.

Was, wenn das Pferd im Schritt zu langsam geht, aber nicht antraben soll? Da können Sie ja nicht wieder mit beiden Schenkeln Druck geben, sonst trabt es ja an! Obwohl beim Antreten im Schritt in der Regel mit beiden Schenkeln etwas Druck gegeben wird, ist doch die treibende Hilfe für den Schritt eine einseitige. Wenn das Pferd Schritt geht und Sie Ihre Beine locker herabbaumeln lassen, werden Sie merken, wie abwechselnd das eine und dann das andere gegen den Pferdeleib kommt. Das ist der Rhythmus des Schrittes, und wenn Sie in dem Rhythmus Druck geben, beschleunigen Sie den Schritt.

Wenn Sie angaloppieren wollen, ob aus dem Stand, dem Schritt oder dem Trab (anfangs sollten Sie es aus dem Trab versuchen), müssen Sie eine andere Hilfe geben. Warum?

Das Pferd in zwei verschiedenen Trabphasen. Man sieht, daß abwechselnd die diagonalen Beinpaare gleich weit vor- und zurückschwingen

Der Galopp ist keine symmetrische Gangart wie der Trab, sondern unsymmetrisch. Im Trab fußt ein diagonales Beinpaar zugleich ab, also linker Vorderfuß und rechter Hinterfuß und dann rechter Vorderfuß und linker Hinterfuß. Das Pferd bleibt dabei im Rumpf geradegestellt.

Im Galopp unterscheiden wir den Rechtsgalopp und den Linksgalopp. Im Rechtsgalopp greift das rechte Beinpaar

Die erste und die Endphase des Galoppsprunges. Links: Das Pferd stößt sich mit dem linken Hinterbein ab. Es fußt dann mit dem rechten Hinterbein und dem linken Vorderbein fast gleichzeitig auf (diagonale Zweibeinstütze), um schließlich (Abb. rechts) mit dem rechten Vorderbein aufzufußen. Das rechte Vorderbein greift also am weitesten vor (trägt zum Schluß das gesamte Gewicht allein), das Pferd ist also im Rechtsgalopp

weiter vor, im Linksgalopp das linke. Die Fußfolge im Rechtsgalopp ist links hinten, rechts hinten und links vorn fast gleichzeitig und dann rechts vorn. Im Linksgalopp ist es genau umgekehrt. Zum Schluß eines Galoppsprunges greift also das führende Vorderbein am weitesten aus und trägt das gesamte Gewicht des Pferdes, bis das diagonal gegenüberliegende Hinterbein übernimmt.

Nach dem führenden Vorderbein bezeichnet der Westernreiter auch einen Galopp als „Lead". Ein Pferd im Rechtsgalopp ist im rechten Lead, im Linksgalopp ist es im linken Lead.

Weil im Galopp immer ein gleichseitiges Beinpaar weiter ausgreift, ist der Galopp unsymmetrisch. Wenn das Pferd im Linksgalopp ist, greift nicht nur das linke Vorderbein weiter vor, sondern auch seine linke Schulter und (jetzt kommt's!) die linke Hüfte ebenfalls, d.h. sie ist etwas nach links versetzt.

Daraus leitet sich die Hilfe zum Angaloppieren ab. Der Galoppsprung beginnt, wie erklärt, mit der Hinterhand. Darum müssen Sie das Pferd dazu bringen, seine Hinterhand als erstes so zu stellen, daß es mit der richtigen Fußfolge beginnt. Wie in einem vorhergehenden Kapitel besprochen, läßt sich die Hinterhand durch eine Schenkelhilfe hinterm Gurt bewegen bzw. kontrollieren. Indem Sie den rechten Schenkel hinterm Gurt anlegen, drücken Sie die Hinterhand nach links.

Diese Verschiebung der Hinterhand erreichen Sie, wie schon erwähnt, leichter, wenn Sie zugleich das Pferd leicht mit den Zügeln annehmen, nicht genug, um es anhalten zu lassen, aber doch so, daß es im Tempo nicht zulegt. Jetzt können Sie bei Bedarf noch schnalzen, und das Pferd galoppiert an. Wenn es hinten korrekt begonnen hat, d.h. im richtigen Lead, dann geht es auch mit der Vorhand in den richtigen Lead/Galopp.

Für den Rechtsgalopp machen Sie es genau andersherum, legen also den linken Schenkel an.

Ein gutgerittenes Westernpferd ist so anzugaloppieren. Gelegentlich oder bei weniger gut reagierenden Pferden kann es nötig sein, auch den anderen Schenkel treibend anzulegen. Das geschieht dann aber vorn, am Gurt. Beim Angaloppieren im Linksgalopp bedeutet das dann, daß zusätzlich zum hinterm Gurt anliegenden rechten Schenkel vorn am Gurt noch der linke angelegt wird (Englischreiter galoppieren immer so an, Westernpferde galoppieren aber gewöhnlich nur auf den hinten anliegenden äußeren Schenkel hin an).

So wie das Pferd angaloppiert ist, bleiben Ihre Schenkel wieder locker herabfallend passiv.

Noch einmal alle Hilfen knapp zusammengefaßt:

Antreten: Druck mit beiden Schenkeln
Antraben: Druck mit beiden Schenkeln
Angaloppieren: Druck mit dem äußeren Schenkel deutlich hinterm Gurt, wenn nötig, Druck durch inneren Schenkel vorn am Gurt

Sie lenken das Pferd

Durchparieren = Verlangsamen, Anhalten
Neck rein (sprich neck räin) = Lenkung durch den äußeren Zügel

Wie Sie das Pferd lenken, haben wir schon besprochen: Sie nehmen es vorn auf, d.h. Sie nehmen die Zügel gerade so viel an, daß Sie seinen Vortritt begrenzen können, es aber nicht durchpariert, und geben auf der Seite Schenkeldruck, die der Richtung, in die Sie wollen, gegenüberliegt.

Viele werden Ihnen erzählen, daß ein Westernpferd im Neck Reining gelenkt wird, indem die Zügel in einer Hand gehalten werden und diese Hand dann einfach nach links genommen wird, wenn es nach links gehen soll, und nach rechts, wenn es nach rechts gehen soll, daß das Pferd also dem außen an seinen Hals gelegten Zügel weicht. Das ist nur halb richtig. Es ist ein Prinzip, mit dem man reiterlich nicht weit kommt. Wenn sich Ihre Hilfengebung und Ihr Verständnis der Hilfengebung damit erschöpfen sollte, sind Probleme vorprogrammiert.

Wie wollen Sie Ihrem Pferd auf diese Weise z.B. klarmachen, wann es einen leichten Bogen zur Seite machen soll und wann es scharf zur Seite wenden soll? Denn wenn Sie mehr tun, als Ihre Zügelhand nur leicht seitlich zu verschieben, berührt der äußere Zügel nicht nur als Signal die äußere Halsseite des Pferdes; wenn Sie Ihre Hand stärker seitlich in die Bewegungsrichtung verschieben, bedingt das, daß der äußere Zügel stramm wird. Und wenn der äußere Zügel stramm ist, kommt außen Zug auf das Pferdemaul, was bedingt, daß das Pferd nach außen guckt, sich nach außen stellt. Entweder es geht dann in Außenstellung in die gewünschte Richtung (was fehlerhaft ist und häßlich aussieht), oder es geht sogar in die andere Richtung, in die es nicht laufen soll.

Reiter, die nach dem Prinzip reiten, erkennt man an der weit in die gewünschte Richtung gehenden Zügelhand und daran, daß ihre Pferde sich konsequenterweise nach außen stellen.

Grundsätzlich gilt bei allem Reiten: Je unauffälliger die Hilfengebung, desto besser der Reiter. Ein gutausgebildetes Pferd funktioniert unter einem guten Reiter ohne sichtbare Hilfengebung.

So kann nur ein Pferd funktionieren, das durch die Gesamtheit von Gewichts-, Schenkel- und Zügelhilfen gesteuert und kontrolliert wird.

Denn beim guten Reiter wird das Pferd überwiegend durch Gewichtshilfen – oft sogar unbewußt – gesteuert, und die Zügel treten nur bei Bedarf in Aktion. Wenn aber ein Pferd auf das Gewicht und den leicht angelegten äußeren Zügel nicht in wünschenswerter Weise reagiert, muß man es mit Gewicht und Schenkel korrigieren können. Darum hat man ein Pferd erst dann unter Kontrolle, wenn es gelernt hat, auf das gesamte Potential an Hilfen zu reagieren (und wenn der Reiter gelernt hat, alle diese Hilfen richtig einzusetzen).

Ist Kontrolle beim Reiten ohnehin alles, so trifft das auf den Westernreiter in noch größerem Maße zu, da er ja sein Pferd mit nur einer Hand geregelt bekommen muß.

Was das Westernpferd in Wirklichkeit lernt, ist nicht einfach, dem äußeren Zügel zu weichen, sondern vielmehr immer zwischen den beiden Zügeln und zwischen den Schenkeln zu bleiben. Es assoziiert die Zügel mit der Schenkelhilfe und weiß, daß der gleichseitige Schenkel oder Sporn in Aktion tritt, wenn es dem Zügel nicht weicht. Die Gewichtshilfe ist immer beteiligt und stellt die subtilste Form der Hilfengebung dar – vieles erreicht der gute Reiter nur durch Einsatz seines Gewichtes, ohne daß Zügel oder Schenkel sichtbar aktiviert werden.

Bei einem so fein reagierenden Pferd ist tatsächlich ein leichtes Annehmen der Zügel, ein leichtes Bewegen der Zügelhand in die gewünschte Richtung alles, was bei einer

Die Trail-Klasse, auch eine beliebte Einsteigerklasse. Hier müssen Pferd (Quarter Horse) und Reiter über eine Brücke

Richtungsänderung sichtbar werden mag. Im Prinzip wirken Zügelhand und Schenkel aber zusammen, syncron ein, verschieben sich leicht seitlich, und das Pferd begibt sich in die gewünschte Richtung, weil es zwischen Zügeln und Schenkeln bleibt.

Eine deutliche, scharfe Wendung kann durch vermehrten Druck des äußeren Schenkels erreicht werden.

Um es noch einmal zusammenzufassen: Das Pferd wird gelenkt, wie es prinzipiell schon im Kapitel „Die Flügelschraube..." erklärt wurde. Es befindet sich in einer „Box". Diese wird gebildet durch die vordere Wand: das Gebiß; die seitlichen Wände: Ihre beiden Schenkel in ihrer begrenzenden Funktion; die hintere Wand: Ihre Schenkel, durch ausreichendes Vorwärtstreiben in nach hinten begrenzender Funktion.

Für die Richtungsänderungen kommt es nun nur darauf an, das sie die eine seitliche Wand offen lassen und die andere schließen. Je mehr Sie dabei die vordere Wand schließen, also das Gebiß stehenlassen, desto schärfer wird die Richtungsänderung. Die Richtungsänderung wird auch verschärft oder beschleunigt, indem die äußere Wand nicht nur geschlossen, sondern aktiv auf das Pferd zubewegt wird und es dadurch abdrängt, mit anderen Worten, der äußere Schenkel begrenzt nicht nur, sondern er treibt sogar.

Wenn Sie Ihr Pferd so zu lenken lernen, werden Sie nicht zu den Zügelziehern gehören, sondern Ihr Pferd mit Finesse und in Harmonie lenken.

Die Hilfen beim Lenken:
Begrenzung nach vorn durch Zügel/Gebiß
Druck durch äußeren Schenkel, im Normalfall am Gurt

Sie halten das Pferd an und/oder richten es rückwärts

Back up (sprich bäck ap) = Rückwärtsrichten
Versammeln, Versammlung = Zusammenschieben oder Verkürzen des Pferdes, Verlagerung des Schwerpunktes nach hinten

Durchlässigkeit = Die reiterlichen Hilfen kommen durch; das Pferd läßt sich an das Gebiß reiten, indem es sowohl den vorwärtstreibenden Hilfen, wie auch den verhaltenden Zügelhilfen gehorsam ist

Sie haben also Ihr Pferd in Bewegung gesetzt, in den Schritt, den Trab oder den Galopp gebracht. Jetzt wollen Sie durchparieren, entweder in eine niedrigere Gangart „herunterschalten" oder ganz anhalten. Wie machen Sie das?

Wenn Ihnen jemand sagen würde, daß das durch Vorwärtstreiben geschieht, würden Sie ihm da einen Vogel zeigen? Und doch ist es so, und es ist nicht einmal unlogisch.

Zum besseren Verständnis wenden wir uns zunächst dem Back up zu und bemühen wieder unser Beispiel einer Box. Wir haben im Kapitel über Vor-, Mittel- und Hinterhand festgestellt, daß ein Pferd rückwärts geht, wenn es a) getrieben wird und b) die vordere Tür und beide Seitentüren geschlossen sind.

Das ist zwar im Prinzip so einfach wie es sich anhört, um es praktisch anzuwenden, bedarf es dennoch der Übung. Wie erfolgreich Sie dabei sind, und wie gut Ihr Pferd diese Übung ausführt, hängt davon ab, wieweit es Ihnen gelingt, Ihre Zügelhände (und damit das Gebiß) wie eine Wand (geschlossene Tür) stehen zu lassen und zu vermeiden, daß Sie mit den Händen aktiv zurückgehen.

Die Reaktion vieler Reiter ist, wenn sie ans Rückwärtsrichten denken, mit der Hand bzw. den Händen rückwärtig einzuwirken, diese also mehr oder weniger zurückzunehmen. Ein gutausgebildetes Pferd wird auch auf ein solches Ziehen hin mit Rückwärtsschritten reagieren, aber wenn es nicht zwischendurch immer wieder korrigiert und gegen das Gebiß geritten wird, verschlechtert sich das Back up nach und nach, bis es recht armselig ist oder ganz ausbleibt.

Zügelzug verlangsamt ein Pferd und macht es steif, auch beim Wenden oder Rückwärtsgehen. Je mehr Sie es festhalten, desto lahmer und steifer sieht es dabei aus. Ein Pferd das durch Treiben gelenkt, angehalten oder rückwärtsgerichtet wird, sieht dabei behende, balanciert und geschmeidig aus. Darum erhalten Sie ein gutes, zügiges, geschmeidiges Back up nur, wenn Sie es durch vorwärtstreibende Hilfen hervorrufen.

Sie treiben also mit beiden Schenkeln, lassen aber die Hände wie eine Wand stehen. Sie lassen also den Vorwärtsimpuls nicht vorn hinaus, und Ihre beiden Schenkel stellen die Wände dar, die verhindern, daß er seitlich hinaus kann. Die Reaktion des ausgebildeten Pferdes ist, den rückwärtigen „Ausgang" zu nehmen – es geht rückwärts. In dem Moment, wo das Pferd rückwärts tritt, merken Sie, daß Sie „nichts mehr in der Hand haben", d.h. wenn Ihre Hände zuvor eine Wand darstellten, gegen die das Pferd lief, was sich dadurch äußerte, daß mehr oder weniger starker Zug auf die Zügel kam, so sind diese jetzt ganz locker, während das Pferd fleißig rückwärts tritt.

Der Zügelzug, der zustandekam, als Ihre Hände noch als Wand fungierten, entstand, wenn Sie es richtig gemacht haben, nicht durch Ziehen Ihrerseits, sondern weil das Pferd aufgrund Ihrer treibenden Hilfen an das Gebiß herangetreten war, gegen das Gebiß getrieben wurde. Als es dann merkte, daß es nach vorn nicht weiterging und auch seitlich nicht, hat es sich nach rückwärts orientiert.

Es ist von enormer Bedeutung, daß Ihnen dieses Prinzip völlig klar ist. Für Ihre weitere reiterliche Ausbildung wäre es sehr wertvoll, wenn Sie einmal die Möglichkeit hätten,

Das Quarter Horse verkörpert das Westernpferd schlechthin Foto Wilmeth

auf einem gutreagierenden Pferd dieses Gefühl kennenzulernen, wenn das Pferd nach hinten weicht, weil es ans Gebiß getrieben wurde, festgestellt hat, daß dies unnachgiebig steht und daß es trotzdem weiter getrieben wird und dann weich wird in der Zügelhand und zurückgeht. Denn nach diesem Prinzip findet Reiten statt, nicht nur, wenn Sie rückwärtsrichten. Auch beim Anhalten, ja, selbst beim Vorwärtsgehen kann dieses Prinzip der Hilfengebung angewandt werden.

Immer dann, wenn Sie mit den Händen weniger vorn hinauslassen, als Sie an Vorwärtsimpuls durch treibende Hilfen erzeugen, machen Sie das Pferd weich im Maul, richten es vorn auf, versammeln es. Ein Pferd, das gegen das Gebiß getrieben wird, versammelt sich, es ballt sich mehr oder weniger zusammen, da die Hinterhand dichter an die Vorhand herantritt. Dabei richtet sich das Pferd in der Vorhand auf, wölbt den Rücken und senkt die Hinterhand, weil diese weiter unter den Schwerpunkt des Pferdes tritt.

Das ist für Sie zunächst nur von theoretischem Interesse, denn Sie wollen Ihr Pferd nicht in der Versammlung reiten, sondern sind ja gerade erst dabei, überhaupt das Reiten zu erlernen. Aber kurzfristig kommt für Sie dieses Prinzip auch schon zum Tragen, nämlich immer dann, wenn Sie durchparieren und rückwärtsrichten wollen.

Darin unterscheiden sich gute und schlechte Reiter, gutgerittene und schlechtgerittene Pferde. Die schlechten Reiter operieren mit Zügelzug, ihre Pferde dulden es, so gesteuert zu werden und machen mehr oder weniger mit. Wenn Sie aber reiterlich weiterkommen und ein Pferd haben wollen, das sich trägt, das fein reagiert, das gut aussieht bei dem, was es macht, dann kommen Sie an den korrekten reiterlichen Hilfen nicht vorbei. Dann müssen Sie das Pferd „von hinten nach vorn reiten", wie man so sagt.

Ihnen dämmert jetzt vermutlich schon, wie Sie Ihr Pferd anhalten. Richtig: Sie treiben es gegen das Gebiß.

Das American Paint Horse – ein geschecktes Quarter Horse in Gebäude, Abstammung und Eigenschaften *Foto Shugart*

Beim Durchparieren läuft im Prinzip das ab, was auch beim Back up stattfindet. Die Zügelhand bleibt stehen, läßt den Vorwärtsimpuls nicht mehr heraus – stünde das Pferd bereits, würde es rückwärts gehen. Da es aber in der Bewegung ist, muß es erst einmal anhalten bzw. verlangsamen.

Daran können Sie feststellen, ob ein Pferd gut geritten, ob es durchlässig ist: Wenn Sie es beim Vorwärtsreiten am Zügel haben und vermehrt treiben, ohne mit der Hand nachzugeben, pariert das gutgerittene Pferd daraufhin durch, das nicht durchlässige nimmt die Nase hoch und wird schneller.

Es wird Sie einige Zeit und viel Übung kosten, bis Sie das Gefühl dafür und die Kontrolle über Ihre Hände haben, diese stehenzulassen und nicht aktiv damit zurückzuziehen. Das Zurückziehen geschieht meistens unbewußt, und Sie brauchen die Hilfe durch das aufmerksame Auge des Reitlehrers, um es auszumerzen.

Für das Pferd besteht der Unterschied darin: Die aktiv zurückgehende Zügelhand erfährt es als einen Ruck im Maul, der obendrein ohne Vorwarnung kommt. Das ist unangenehm bis schmerzhaft und führt zu den Reaktionen Kopfhochwerfen, Maulaufsperren, Versteifen (besonders in Hals und Rücken). Die Fühlung haltende und dann stehenbleibende Zügelhand überrascht das Pferd nicht. Es kommt zu keiner ruckartigen Einwirkung, sondern das Pferd „staut“ sich stufenlos immer mehr vor dem Gebiß (Wand), bis es nicht mehr weitergeht und es zum Stehen kommt.

Eine solch ruhige Zügelhand birgt für das Pferd keine negativen Erfahrungen und flößt ihm Vertrauen ein. Das Pferd bleibt ruhig, geht vertrauensvoll immer an das Gebiß und pariert durch oder stoppt balanciert und ohne Kopfschlagen.

Um mit der Zügelhand so einwirken zu können, müssen Sie gelernt haben, die Hände ruhig zu halten. Um die

Hände ruhig halten zu können, müssen Sie zügelunabhängig und still sitzen können. Deshalb sollten Sie nicht zu stolz sein, sich zuvor an die Longe nehmen zu lassen, bis Sie locker und korrekt sitzen und sich weder an den Zügeln festhalten, noch mit den Beinen festklemmen.

Das Vorwärtstreiben muß nicht oder nicht nur durch Schenkeldruck geschehen. Wie schon erwähnt, hat auch tiefes Einsitzen eine treibende Wirkung. Die Gewichtshilfen richtig einzusetzen erfordert aber noch mehr Übung.

Könnte aber ein Verlangsamen oder Anhalten nicht auch einfach durch das Ausbleiben der treibenden Hilfen erreicht werden? Natürlich. Aber ein so durchparierendes oder zum Halt kommendes Pferd hat die Tendenz, auf die Vorhand zu gehen, während beim Westernreiten (und ebenso beim Dressurreiten europäischer Tradition) das Pferd auf der Hinterhand arbeiten soll.

Die Hilfen für das Durchparieren und Back up:
Pferd gegen die verhaltene Hand treiben, die den Vorwärtsimpuls nicht mehr herausläßt, bis es steht oder rückwärts geht.

Noch mehr zur Hilfengebung

Side pass (sprich ßaid päß) = Seitwärtsrichten, hervorgerufen durch nach innen versetzte Hinterhand
Two tracking (sprich Tu träcking) = Bewegung in vorwärts/seitwärtiger Richtung auf zwei Hufschlägen, hervorgerufen durch Druck auf die Mittelhand
Auseinandergefallen (= Auseinandergezogener Rahmen des Pferdes, das Gegenteil von versammelt)
Hartmäulig = Unsensibel im Maul, den Zügelhilfen gegenüber abgestumpft
Weichmäulig = Sensibel im Maul, die Zügelhilfen akzeptierend und darauf reagierend

Sie haben gewiß schon gesehen, daß Pferde seitwärts gehen oder vorwärts/seitwärts. Wie wird das erreicht? werden Sie fragen.

Wir haben besprochen, daß man das Pferd lenken kann, indem man „vorn zumacht" und auf einer Seite Schenkeldruck gibt. Das Pferd weicht dann zur anderen Seite. Und wie Sie schon richtig vermuteten, wird das Seitwärtsrichten auf ganz ähnliche Weise erreicht. Aber woher weiß das Pferd, ob es seitlich abbiegen oder seitwärtsrichten oder vorwärts/seitwärts gehen soll?

Um dahinter zu kommen, müssen Sie sich nochmal das Kapitel über Vorhand, Mittelhand und Hinterhand vergegenwärtigen. Im Prinzip ist es so, daß der Druck des äußeren Schenkels für ein Abbiegen *vorn* angewandt wird, daß Sie also die *Vorhand* des Pferdes bzw. dessen Schulter seitlich weichen lassen und so, im Zusammenhang mit der begrenzenden Zügelhilfe, eine Richtungsänderung erreichen.

Wollen Sie, daß das Pferd Two Tracking geht, wenden Sie den Druck des äußeren Schenkels etwas weiter hinten an, wo Sie auf die Mittelhand oder den Rib cage einwirken. Das läßt das Pferd mehr insgesamt seitlich weichen. Wenn es sich zu sehr seitlich bewegt und die Vorwärtsbewegung verlorenzugehen droht, müssen Sie gleichzeitig mit dem inneren Schenkel vorn nach Bedarf etwas treiben.

Für den Side pass legen Sie den äußeren Schenkel so weit hinten an, daß Sie die Hinterhand kontrollieren bzw. in die Bewegungsrichtung stellen. Ein Angaloppieren verhindern Sie durch Gegenhalten mit den Zügeln.

Über eins haben wir noch nicht gesprochen, jedenfalls noch nicht ausführlich genug: wie Sie das Pferd „stellen“. Die Stellung des Pferdes bezeichnet dessen Haltung in der Längsachse, also vom Kopf bis zum Schweifansatz. Wenn Sie einen Rechtszirkel reiten, soll das Pferd idealerweise nach rechts gestellt sein, was bedeutet, daß es in der Längsachse leicht nach rechts gebogen ist, etwa so viel, wie es dem Radius des Zirkels entspricht. Wenn Sie linksherum reiten, soll das Pferd nach links gestellt sein.

Was machen Sie nun, wenn Sie, sagen wir, linksherum traben oder galoppieren und Ihr Pferd sich nach außen stellt? Wie bekommen Sie es wieder korrekt gebogen? Um das zu verstehen, rufen Sie sich wieder das Kapitel über die „Flügelschraube“ in Erinnerung.

Das Pferd bewegt sich also linksherum und stellt sich nach außen, also nach rechts. Das bedeutet, das es seine Schulter und Mittelhand nach links, also nach innen drückt. Es ist darum logisch, daß Sie mit Ihrem linken, also dem inneren Schenkel Druck geben, und zwar vorn, am Gurt. Dadurch machen Sie das Pferd innen „hohl“. Das gelingt besser, wenn Sie es per Zügelhilfe nach vorn begrenzen. Außerdem legen Sie den äußeren Schenkel hinterm Gurt an, begrenzen so die Hinterhand und halten diese auf der Zirkellinie, die Sie reiten. Auf diese Weise biegen Sie das Pferd um Ihren inneren Schenkel.

Auf einem Rechtsbogen wenden Sie die Hilfen natürlich genau entgegengesetzt an, also der rechte Schenkel drückt vorn, der linke begrenzt hinten. Sobald Sie merken, daß das

Pferd Ihre Hilfen befolgt und sich korrekt gestellt hat, lassen Sie den Druck nach.

Im Trab müssen Sie die äußere Schenkelhilfe feinfühlig nur als Begrenzung anwenden, sonst, das müßte Ihnen schon klar sein, galoppiert das Pferd an.

Auch über die Verfeinerung der Hilfengebung müssen Sie sich jetzt Gedanken machen.

Was meinen Sie, woran liegt es, daß die Pferde mancher Reiter so fein reagieren, daß man kaum irgendwelche Hilfen erkennen kann, und bei anderen sieht alles nach Gewürge und Kampf aus?

Klar, es gibt talentierte und bestens geeignete Pferde, und es gibt welche, die wenig oder ungeeignet sind. Aber an eine Grundregel sollten Sie sich halten: Suchen Sie die Schuld nie beim Pferd, sondern bei sich selbst. Erst wenn Ihr Reitlehrer meint, Sie hätten das Zeug, um weitere Fortschritte zu machen, aber Ihr Pferd sei an seine Grenzen gestoßen, können Sie das in Ihre Überlegungen mit einbeziehen.

Ein guter Reiter macht jedoch auch aus einem wenig talentierten Pferd noch etwas Ansehnliches. Aber wie?

Wenn Pferde nicht entsprechend reagieren, liegt das entweder daran, daß die Hilfen nicht korrekt gegeben werden, oder es liegt daran, daß sie den Reiter nicht als jemanden respektieren, dessen Befehle sie zu befolgen haben. Auch wenn Sie in Ihrem Pferd in erster Linie einen Freizeit*kameraden* sehen, müssen Sie sich darüber im klaren sein, daß das Pferd nur aufgrund seines *Gehorsams* reitbar ist. Gehorsam ist es letztlich, was wir von ihm verlangen, wenn wir es reiten.

Okay, wir nehmen an, daß Sie gelernt haben, die Hilfen korrekt zu geben und daß Ihr Pferd Sie respektiert und Ihnen gehorsam ist. Weitere Fortschritte hängen jetzt davon ab, daß Ihre Hilfen so gezielt und feindosiert wie möglich sind.

Sie müssen dazu Ihre Hilfen so fein wie möglich geben und erst, wenn das Pferd nicht entsprechend reagiert, deutlicher werden, und zum anderen müssen Sie lernen, Ihre Hände, Ihre Schenkel noch ruhiger zu halten.

Es leuchtet Ihnen gewiß ein, daß das Pferd leichtem Zügelzug gegenüber, wenn er nichts zu bedeuten hat, abstumpft. Wenn es auseinandergefallen laufen darf und dabei Zügelanlehnung hat, so bedeutet diese Zügelanlehnung eben nichts für das Pferd, denn Sie erlauben ihm ja, dieser Zügeleinwirkung gegenüber nicht durch Einziehen des Kinns und Abknicken im Genick nachzugeben.

Was passiert, wenn Sie gelegentlich unbeabsichtigt mit einem oder beiden Schenkeln ans Pferd kommen? Das sensible, unverdorbene Pferd reagiert darauf. Nehmen wir an, Sie berühren es aus Versehen mit einem Schenkel, und es bewegt sich daraufhin etwas zur anderen Seite. Das Ergebnis ist, daß Sie diese Seitwärtsbewegung, die Sie ja gar nicht wollten, „korrigieren“. In Wirklichkeit hatte das Pferd aber genau das Richtige getan. Angenommen, Sie haben unbeabsichtigt mit beiden Schenkeln Druck gegeben, das Pferd wurde daraufhin schneller, mit dem Ergebnis, daß Sie es per Zügeleinwirkung wieder bremsen. In beiden Fällen haben Sie es gelehrt, ein bestimmtes Maß an Schenkeldruck zu ignorieren. Je ruhiger Sie in der neutralen Haltung bleiben (Hände, Schenkel, Gewicht), desto bedeutungsvoller können kleine Abweichungen werden.

Noch ein Beispiel: Wenn das Pferd permanent ein halbes Pfund Druck durch Ihre Schenkel spürt, weil Sie sich leicht damit festhalten, bedeutet das auch nichts. So lernt das Pferd, ein bestimmtes Maß an Zügelzug oder Schenkeldruck zu ignorieren und auf deutliche, d.h. stärkere Hilfen zu warten.

Bei der Verfeinerung der Hilfengebung muß das Gegenteil passieren. Wenn es nie eine Chance bekommt, auf ein halbes Pfund Druck zu reagieren, sondern immer Signale von 1 oder 2 Kilo Druck empfängt, dann bedeutet ein leichter Druck eben nichts für das Pferd. Sie müssen dem Pferd zeigen, daß schon ein wenig Schenkeldruck sehr viel bedeutet. Erst wenn es auf eine feine Hilfe nicht reagiert, wenden Sie mehr Druck oder Sporn an.

Die Sensibilität im Maul erreichen Sie weniger durch viel oder wenig Zug, sondern nur durch ruhige Hände. Betrachten Sie das Gebiß als etwas, das still stehenbleibt und wogegen Sie das Pferd treiben oder auch nicht treiben. Wann immer Sie die Zügel annehmen, ohne gleichzeitig zu treiben, begeben Sie sich auf den Weg zur Hartmäuligkeit. Zügeleinwirkung durch Gegen-das-Gebiß-Treiben entwickelt das Pferdemaul, macht es weichmäulig.

Hier noch einmal in Kürze die Hilfen:
Zum Two tracking: leichtes Begrenzen durch Zügel/Gebiß, Schenkeldruck leicht hinterm Gurt
Side pass: etwas stärkeres Begrenzen durch Zügel/Gebiß, Schenkeldruck deutlich hinterm Gurt
Stellen/Biegen: leichte Begrenzung durch Zügel/Gebiß, Schenkeldruck innen am Gurt, äußerer Schenkel „verwahrt", d.h. begrenzt bei Bedarf hinterm Gurt
Verfeinerung der Hilfen: Körper, Hände und Beine völlig kontrolliert in „Normal- oder Neutralhaltung, d.h. Grundposition halten, darauf achten, daß jede Abweichung bedeutungsvoll ist und eine Reaktion seitens des Pferdes bedingt

Sliding Stop eines Paint Horse-Hengstes

Und noch mehr zur Hilfengebung: Gewichtshilfen

Die Gewichtshilfen richtig anzuwenden erfordert das meiste Feingefühl. Deshalb sind bei den am besten gerittenen Pferden kaum reiterliche Einwirkungen zu erkennen, weil sie fast alles auf Gewichtshilfen hin tun.

Gewichtshilfen können Sie erst dann geben, wenn Sie gelernt haben, im Gleichgewicht mitten im Pferd zu sitzen, wenn Sie also absolut neutral sitzen können, ohne das Pferd auf die eine oder andere Weise durch Ihr Gewicht zu beeinflussen. Jede Abweichung von dieser neutralen Position mitten im Pferd wird dann vom Pferd beachtet und ruft eine Reaktion hervor.

Eine vorwärtstreibende Gewichtshilfe zu geben haben Sie aber schon erlernt, wenn Sie gelernt haben, das Pferd in allen Gangarten korrekt auszusitzen. Denn um im Trab oder Galopp nicht geworfen zu werden, müssen Sie bei jedem Schritt bzw. Sprung tief vorwärts/abwärts einsitzen. Das ist genau die Einwirkung der vorwärtstreibenden Gewichtshilfe. Wenn Sie dabei die Hände stehenlassen und reiten ein gutausgebildetes Pferd, pariert dieses durch.

Die Gewichtshilfen wirken einmal beschleunigend oder verlangsamend, zum anderen dienen sie der Lenkung des Pferdes. Um sie effektiv einsetzen zu können, müssen Sie Ihre beiden Gesäßknochen gefunden haben und den Punkt davor, den dritten im Bunde. Wobei letzterer nicht so deutlich zu spüren ist wie die Gesäßknochen, es kommt nur darauf an, daß Sie in dem Bereich auch Kontakt halten, Druck ausüben.

Das größte Mißverständnis im Zusammenhang mit den Gewichtshilfen, das immer wieder zu beobachten und weitverbreitet ist, besteht darin, daß Reiter ihren Oberkörper in die eine oder andere Richtung lehnen und meinen, darin bestehe die Gewichtshilfe.

Oben: Falsche Schenkelhilfe mit hochgezogenem Absatz

Darunter: Korrekte Schenkelhilfe mit niedergetretenem Absatz. Das Pferd geht Two Tracking, d.h. vorwärts/seitwärts

Der Oberkörper wird durch eine Gewichtshilfe, die gegeben wird, höchstens geringfügig beeinflußt, er ist nicht der Auslöser der Hilfe. Vielmehr geht die Gewichtshilfe über die drei Punkte, die wir als Drei-Punkte-Kontakt schon kennengelernt haben, bei den Lenkungshilfen besonders über die Gesäßknochen.

Geradeaus wirkt die Gewichtshilfe vorwärts/abwärts, d.h. Sie drücken mit den drei Punkten tief in den Sattel und vorwärts. Zum Antreten oder Beschleunigen geht Ihr Oberkörper dabei leicht vor, zum Durchparieren, das ja, wie schon besprochen, ebenfalls durch vorwärtstreibende Hilfen geschieht, bleibt er senkrecht oder geht minimal zurück.

Jetzt zur Gewichtshilfe als lenkender Hilfe. Stellen Sie sich ein Modelboot vor, das auf dem Wasser schwimmt und in der Mitte einen hohen Mast hat, wie ein Segelboot (oder besser, nehmen Sie sich ein solches Boot und machen Sie den praktischen Versuch). Legen Sie einen Finger oben auf den Mast, und versuchen Sie, das Boot seitlich zu verschieben. Wenn Sie das Boot nach links schieben, wird der Mast nach rechts geneigt sein, und wenn Sie es nach rechts schieben, ist er nach links geneigt. Wenn Sie sich vorstellen, daß der Mast Ihr Rückgrat ist und das Boot das Pferd, dann wird Ihnen einiges klar.

Nun sollen Sie sich nicht stark zur entgegengesetzten Seite neigen, wenn Sie eine seitliche Gewichtshilfe geben. Wie eingangs erwähnt, spielt der Oberkörper keine aktive Rolle in diesem Spiel. ***Aber Sie sollen sich auch nicht in die Richtung neigen, in die Sie wollen, denn dadurch würden Sie Ihre Absicht zunichtemachen.*** Versuchen Sie mal, das Boot mit nach links geneigtem Mast nach links zu schieben! Nicht nur, daß das nicht geht – wenn Sie nach links wollen und sich nach links lehnen, schieben Sie das Pferd tatsächlich nach rechts, also in die entgegengesetzte Richtung. Auch hat dabei Ihr innerer Schenkel die Tendenz, ans Pferd zu kommen und drückt es ebenfalls weg von der Richtung, in die Sie wollen.

Falscher Sitz/falsche Gewichtshilfe – der Reiter, der eine Wendung nach links reiten möchte, lehnt seinen Oberkörper nach links (die linke Schulter ist tiefer als die rechte) und verdreht sich außerdem im Oberkörper nach links, seine Schultern stehen also nicht rechtwinklig zur Längsachse des Pferdes

Seitliche Gewichtshilfen, ob zur Richtungsänderung oder für Two Tracking bzw. Side Pass, werden dadurch vorgenommen, daß Druck auf die Gesäßknochen gebracht wird und Sie über Ihre Gesäßknochen mit Ihrem Rückgrat so einwirken, wie Sie es mit dem Bootsmast getan haben. Der Oberkörper wird davon beeinflußt und wird sich leicht in die andere Richtung bewegen, also nach außen, Ihre innere Schulter wird höher sein als Ihre äußere, aber das sind nur Begleiterscheinungen.

Zum Angaloppieren schieben Sie Ihre innere Hüfte vor. Dadurch bringen Sie auch Ihren inneren Schenkel vor, und der äußere fällt hinten gegen das Pferd. Das entspricht der Stellung, in die Sie auch das Pferd zum Angaloppieren bringen müssen. Lehnen Sie sich dabei nicht vor, sondern sitzen Sie tief ein.

Zusammenfassung:

Gewichtshilfen zur Richtungsänderung: Die Wirbelsäule mit den Fortsätzen der Gesäßknochen als Stange einsetzen, mit der Druck ausgeübt und das Pferd in die gewünschte Richtung geschoben wird.

Vermeiden: Gewichtshilfen wie beim Fahrradfahren, nicht den Oberkörper in die Richtung neigen, in die Sie wollen.

Der Appaloosa, hier einer mit sogenannter „Blanket"-Zeichnung
Foto Reichert

Sie reiten bestimmte Manöver

Spin (sprich ßpin) = Drehung auf der Hinterhand um wenigstens 360 Grad
Roll back (sprich roul bäk) = Wendung auf der Hinterhand um 180 Grad
Fliegender Galoppwechsel = Das Pferd geht vom Links- in den Rechtsgalopp (oder umgekehrt), ohne aus dem Galopp zu fallen

Eine Grundregel müssen Sie kennen: daß die Hinterhand der Motor des Pferdes ist; die Vorderbeine sind mehr oder weniger nur dazu da, sein Gewicht beim Laufen abzustützen. Mit den Hinterbeinen schnellt es sich vorwärts.

Im Grunde haben wir schon besprochen, wie Sie Stop und Spin und auch das Back up reiten. Ein wichtiger Grundsatz dabei ist, daß das Pferd von hinten nach vorn geritten werden muß. Weder Stoppen noch Rückwärtsrichten haben etwas mit Zurückziehen an den Zügeln zu tun, sondern das Pferd wird getrieben, erfährt das Gebiß als eine Wand, die kein Vorwärtslaufen zuläßt, und setzt deshalb das Getriebenwerden in 1. Zusammenschieben der Körpermasse um und 2., beim Back up, in Bewegung nach rückwärts.

Nun ist es keineswegs so, daß Sie jedesmal Schenkeldruck geben, wenn Sie Ihr Pferd durchparieren oder stoppen wollen, sondern das tiefe Einsitzen kann schon als treibende Hilfe ausreichend sein, vor allem im Zusammenhang mit dem Vorwärtsschwung, den das Pferd im Trab oder Galopp haben kann. Der Vorwärtsschwung im Trab oder Galopp kann schon ausreichend treiben, so daß das Pferd, wenn die Zügelhand „stehenbleibt", sich gegen das Gebiß getrieben fühlt.

Wenn die Zügelhand „stehenbleibt", bedeutet das, daß sie nicht mehr mit der Vorwärtsbewegung geht. Den Unterschied herauszufühlen zwischen einer stehenbleibenden Zügelhand und einer aktiv rückwärtig einwirkenden, ist eine der großen Aufgaben, die Sie als Reitschüler vor sich haben. Das ist einer der Ecksteine des Reitens.

Die stehenbleibende Zügelhand bleibt nicht wirklich an dem Punkt in der Luft stehen, an dem sie sich gerade befindet, wenn Sie sich zum Durchparieren entscheiden. Das wäre eine zu harte Zügeleinwirkung. Weil das Pferd ein paar Meter benötigt, um zum Halt zu kommen, und Sie vom Pferd mitgetragen werden, während es diese Meter zurücklegt, bewegt sich Ihre Zügelhand zwangsläufig mit vorwärts. Aber im Verhältnis zum Vorwärtsschwung des Pferdes bleibt sie stehen.

Und der Grad der Durchlässigkeit Ihres Pferdes bestimmt, ob das Pferd diese paar Meter bis zum Halt auf der Hinterhand rutscht oder ob es beim Durchparieren mehr oder weniger auf die Vorhand kommt, ob es seine Nase unten und das Maul geschlossen hält, oder ob es die Nase

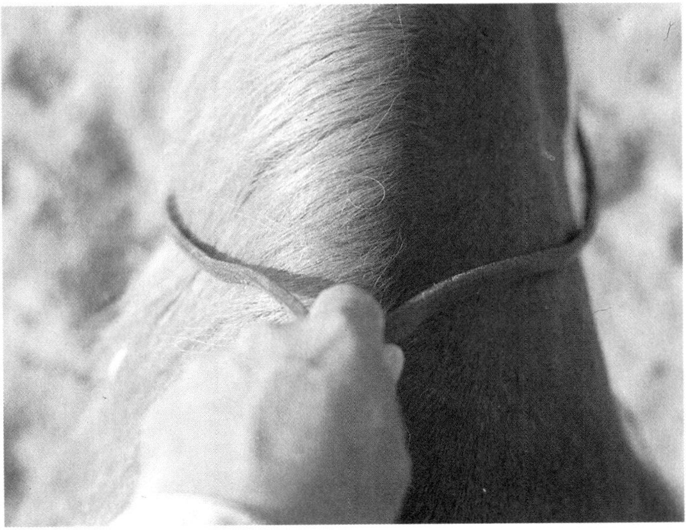

Die Zügelhand wird genau mitten über dem Mähnenkamm gehalten

hochreißt, den Unterhals vordrückt und das Maul aufsperrt.

Ausreichender Vorwärtsschwung für einen Stop ist dann vorhanden, wenn das Pferd beschleunigt, zumindest aber frei vorwärtsläuft und nicht verlangsamt. Nur dann ist es in einer Haltung, in der es sein Gewicht beim Stoppen auf die Hinterhand nehmen kann. Wenn es beschleunigt, hat es sein Gewicht auf die Hinterhand genommen, setzt gut unter, denn die Hinterhand ist der Motor des Pferdes.

Zusätzlich sollten Sie, wenn Sie einen Sliding Stop ausführen wollen, ein verbales Kommando geben. Gebräuchlich ist beim Westernreiten „whoa" (sprich uouh). Sagen Sie das Wort ruhig, nicht bellend, denn Ihre Zügelhand wird sich so bewegen, wie Sie das Wort aussprechen.

Die Fehler, die Sie beim Stoppen zu vermeiden lernen müssen, sind die folgenden: Am häufigsten ist eine zu plötzlich einwirkende Zügelhand, die das Pferd überrascht, aus dem Gleichgewicht bringt und, wenn dies öfter geschieht, das Pferd ängstigt. Es versteift sich, will sich dagegen schützen, was es durch Kopfhochwerfen und andere Untugenden versucht. Sie müssen sanft einwirken, d.h. erst Fühlung aufnehmen mit dem Pferdemaul und dann die Hand stehenlassen.

Etwa ebenso häufig ist das Versteifen im ganzen Körper, weil sich der Reiter gegen ein „Stuckeln" durch den Pferderücken schützen möchte. Hier haben wir es wieder mit einem Teufelskreis zu tun – wenn ein Pferd nicht ohne weiteres glatt auf der Hinterhand zum Stand rutscht, sondern ein paarmal ruckartig die Vorhand einsetzt, wird der Reiter gestoßen; weil er Angst davor hat, versteift er sich; weil er steif ist, versteift sich das Pferd erst recht und stoppt ruckartig usw.

Werfen Sie nicht Ihren Oberkörper nach hinten, wenn Sie stoppen wollen, und versuchen Sie, locker zu bleiben.

Versuchen Sie, genauso sitzen zu bleiben, wie Sie bis dahin gesessen haben. Sonst geben Sie Ihrem Pferd keine Chance, es richtig zu machen.

Auf einen weiteren Punkt müssen wir noch zurückkommen, nämlich auf den symmetrischen Sitz. Wenn Sie nicht mittig sitzen, wird Ihr Pferd schief stoppen. Wenn Sie beim Back up nicht symmetrisch sitzen, wird es schief rückwärtsrichten.

Beim Drehen denken Sie an die Box. Schließen Sie die vordere Wand durch Zügelhand/Gebiß. Setzen Sie sich so hin, daß Sie das Pferd durch Ihre Wirbelsäule über Ihre Gesäßknochen in die gewünschte Richtung schieben, und helfen Sie nach Bedarf mit dem äußeren Schenkel nach, wenn das Pferd zu langsam dreht.

Ein gut ausgebildetes Pferd braucht dabei nicht per Zügeleinwirkung auf dem Punkt gehalten werden, sondern fühlt durch Ihre Gewichtshilfe, daß es auf dem Punkt bleiben soll. Höchstens zu Beginn des Spins begrenzen Sie etwas seinen Vortritt mit den Zügeln. Je mehr Sie es dann loslassen und am lockeren Zügel drehen lassen können, desto freier, taktreiner und schöner wird es drehen. Wenn Sie es vorn zu sehr festhalten, dreht es nicht nur langsamer und steifer, sondern Sie laufen auch Gefahr, daß es Rückwärtsschritte macht.

Beim Roll back, der immer nach einem Stop folgt, müssen Sie zu Beginn eine etwas rückwärtig/seitliche Zügelhilfe geben, um dem Pferd zu zeigen, daß es scharf auf der Hinterhand wenden soll. Tun Sie das aber erst, nachdem Sie nach dem Stop die Zügel kurz locker lassen. Sobald das Pferd mit der Wendung begonnen hat, aber nicht eher, geben Sie mit dem äußeren Schenkel Druck, um Schwung in den Roll back zu bringen.

Wenn Sie einen Galoppwechsel reiten (Sie merken, wir gehen davon aus, daß Sie ein guttrainiertes Pferd reiten), müssen Sie darauf achten, daß Sie gerade und ruhig sitzen bleiben und nicht den Fehler machen, sich in die neue Richtung zu lehnen. Auch sollten Ihre Hilfen für den Galoppwechsel nicht plötzlich kommen, sondern ruhig und beherrscht.

Wenn Sie sich in die neue Richtung lehnen, kann das dazu führen, daß Ihr Pferd zwar vorn umspringt, aber hinten nicht. Es geht dann Kreuzgalopp, vorne Links- und hinten Rechtsgalopp oder umgekehrt. Wenn Sie mit Ihren Hilfen zu plötzlich und zu heftig kommen, wird das Pferd anfangen, Galoppwechsel zu verabscheuen. Es wird nervös, sobald es annimmt, daß ein Galoppwechsel ansteht.

Welche Hilfe Sie für den Galoppwechsel geben müssen? Genau dieselbe wie zum Angaloppieren. Wenn Sie z.B. im Rechtsgalopp reiten, nehmen Sie das Pferd mit den Zügeln leicht auf und legen den rechten Schenkel hinterm Gurt an, wenn es in den Linksgalopp springen soll, und vom Links- in den Rechtsgalopp machen Sie es genau umgekehrt.

Idealerweise soll die Hilfe für den Galoppwechsel in dem Moment kommen, wo die Hinterbeine des Pferdes in der Luft sind und vorschwingen. Wie Sie das vom Sattel aus sehen können? Sie können es nicht. Sie können es aber fühlen lernen. Sie können auch darauf achten, wie Sie im Sattel immer rauf und runter gehen – wenn Sie runter gehen, ist der richtige Moment. Aber wenn Sie vom richtigen Moment hören, verleitet Sie das dazu, Ihre Hilfe hastig, plötzlich zu geben. Deshalb legen Sie lieber ruhig Ihren Schenkel hinterm Gurt ans Pferd, schieben die gegenüberliegende Hüfte vor, bleiben gerade sitzen und warten, bis es umspringt.

Dabei ist es unerläßlich, daß Ihr Reitlehrer Sie beobachtet und Ihnen sagt, was Sie möglicherweise falsch gemacht haben. Er muß überhaupt vorab entscheiden, ob Sie so weit sind, Galoppwechsel zu reiten, und ob Ihr Pferd vom Ausbildungsstand so weit ist.

Die Hilfen nochmals kurz:
Stop: vor dem Stop nicht verlangsamen, möglichst beschleunigen, Fühlung mit dem Pferdemaul aufnehmen, dann Zügelhand stehenlassen, „whoa" als verbales Kommando geben (ruhig), tief einsitzen
Spin: das Pferd möglichst wenig im Maul anfassen, die Zügelhand nur ganz wenig in die Drehrichtung nehmen, das Rückgrat als Schiebestange einsetzen und mit dem äußeren Schenkel nach Bedarf beschleunigen. Drückt das Pferd die Schulter oder Mittelhand nach außen, den äußeren Schenkel vorn, bei einer Tendenz zum Ausbrechen mit der Hinterhand den äußeren Schenkel hinten einsetzen
Roll back: nach dem Stop ganz kurz die Zügel lockern, dann leicht nach seitlich/hinten annehmen und mit dem äußeren Schenkel treiben
Galoppwechsel: vorn aufnehmen, neuen äußeren Schenkel hinterm Gurt anlegen, nicht in die neue Richtung lehnen!

Sie reiten im Gelände

Viele Westernreiter wollen von Anfang an nichts anderes, als westernmäßig im Gelände zu reiten. Bei nicht wenigen dieser „Gelände-Westernreiter" erschöpft sich das *western* dabei aber in Kleidung und Ausrüstung, und das *Reiten* im Sich-tragen-Lassen. D.h. weder sind ihre Pferde western ausgebildet, noch haben sie selbst eine reiterliche Ausbildung.

Natürlich ist die Westernreitweise gerade für das Geländereiten ideal, und sich mit dem Pferd in der Natur zu bewegen, ist eine wunderbare Sache. Aber wenn Sie dem Pferd gerecht werden wollen, und wenn Sie sich und andere nicht in Gefahr bringen wollen, so muß davor eine ordentliche Ausbildung stehen. Ihr Pferd muß gutgeritten sein, und Sie müssen in der Lage sein, es richtig zu bedienen.

In den meisten Fällen versuchen jene Geländereiter, die halb verächtlich von den Bahn- und Dressurreitern sprechen, nur aus ihrem eigenen Mangel eine Tugend zu machen. Alles, was Sie beim Bahnreiten lernen, kommt Ihnen im Gelände zugute, ist Voraussetzung für ein möglichst sicheres Reiten im Gelände.

Wenn es im Gelände steil bergauf geht, machen Sie es Ihrem Pferd leichter, wenn Sie den Sattel entlasten und Ihr Gewicht möglichst weit nach vorn bringen. Es ist völlig in Ordnung, wenn Sie sich dabei mit einer Hand am Horn festhalten. Bergab können Sie sich ebenfalls am Horn abstützen. Extremes Zurücklehnen ist beim Bergabreiten falsch, Vorneigen geht im Westernsattel aber auch nicht gut, da Kniepauschen fehlen. Am besten ist, wenn Sie sich in den Bügeln abstützen und im Oberkörper möglichst senkrecht bleiben. Bei nicht zu steilen Abhängen können Sie das Pferd versammeln, wobei es sich vorn aufrichtet und die Hinterhand senkt und so mehr auf der Hinterhand hinabrutscht. Wenn der Boden aber sehr unübersichtlich und uneben ist, müssen Sie dem Pferd den Kopf freigeben, damit es sich seinen Weg suchen und seine Hufe richtig plazieren kann. Dann müssen Sie sich ganz auf die Trittsicherheit Ihres Pferdes verlassen. Im Zweifelsfall sitzen Sie ab und führen es.

Ganz wichtig ist, daß Sie einen Abhang *immer* genau senkrecht hinunterreiten, also nicht schräg! Wenn Sie schräg reiten, kann sich das Pferd überschlagen.

Selbstverständlich sollte sein, daß Sie auf den Wegen bleiben und daß Sie Fußgänger nicht erschrecken, sondern im Schritt und ausreichendem Abstand an ihnen vorbeireiten. Tun Sie nichts, was die Reiter in Mißkredit bringen könnte.

Wenn Sie öfter Bäche überqueren müssen und Ihr Pferd davor Angst hat, ist es am besten, wenn Sie in der Mitte eines Pulks von Pferden hindurchreiten, die ohne zu zögern hindurchgehen, und Ihr Pferd das so kennenlernt.

Scheuen können Pferde natürlich nicht nur im Gelände, sondern auch in der Bahn, aber viele Reiter haben besonders im Gelände Last damit. Beachten Sie einmal, daß Pferde oftmals kurz bevor sie scheuen dies mit ihren Ohren anzeigen. Zum anderen ist zu sagen, daß dasselbe Pferd unter einem erfahrenen Reiter in derselben Situation nicht scheut, in der es unter einem unsicheren Reiter scheut. Der sichere, erfahrene Reiter flößt dem Pferd Vertrauen ein, nicht zuletzt dadurch, daß er der bestimmende Einfluß ist. Dagegen fühlt das Pferd, wenn jemand nicht souverän ist.

Ein Pferd unter einem unsicheren Reiter fühlt sich als Pferd ohne Leittier, es muß allein auf sich aufpassen und ist in höchster Alarmbereitschaft. Zusammen mit anderen Pferden gibt die Herde, wie klein sie auch sein mag, ein Gefühl der Sicherheit. Die Verantwortung des Aufpassens ist auf mehrere Schultern verteilt, liegt besonders beim Leittier. Wenn Sie zu unsicher sind, um bei einem Ausritt die Rolle des Leittieres zu übernehmen, sollten Sie nicht allein ins Gelände reiten.

Anhang: Die Westernpferderassen

Horse (sprich hohrs) = Pferd

Es gibt ungezählte Beispiele dafür, daß man auch auf Pferden anderer Rassen und Kreuzungen Westernreiten praktizieren kann. Unbestritten ist aber, daß die Western Horse-Rassen dafür besonders geeignet sind. Das ist auch kein Wunder, schließlich wurden sie seit Jahrzehnten auf diese Eignung hin gezüchtet, genaugenommen ist ihr Werdegang sogar schon Jahrhunderte alt.

Das Western Horse schlechthin ist das Quarter Horse, zugleich der Welt zahlenmäßig größte Rasse. Es zeichnet sich durch mittlere Größe und einen kompakten Körperbau aus, wodurch es besonders wendig und spurtschnell ist, außerdem durch große Rittigkeit.

Der besondere Vorzug des Quarter Horses liegt aber in seinen „inneren Werten“, seinem willigen, ehrlichen Wesen, das nicht so zur Sprunghaftigkeit, Eigensinnigkeit und Ängstlichkeit neigt wie viele andere Pferde. Für Sie weniger wichtig, jedenfalls am Anfang, ist der unvergleichliche Sinn für die Rinderarbeit, der bei diesen Pferden wie bei keiner anderen Rasse gefunden wird.

Das Paint Horse ist nichts anderes als ein geschecktes Quarter Horse – Blutlinien, Eigenschaften und Herkunft sind identisch. Der einzige Unterschied besteht darin, daß als Quarter Horse nur Pferde eingetragen werden, deren weiße Abzeichen ein bestimmtes Maß nicht überschreiten, während Quarter Horses, deren Abzeichen dieses Maß überschreiten, als Paint Horses eingetragen werden. Wer also die Vorzüge eines Quarter Horses möchte und dazu eine mehr oder weniger gescheckte Fellzeichnung, der findet alles zusammen im Paint Horse.

Die dritte Western Horse-Rasse ist der Appaloosa. Während man beim Paint genaugenommen gar nicht von einer anderen Rasse sprechen kann, sondern der Paint rassemäßig mit dem Quarter identisch ist, trifft das auf den Appaloosa nur bedingt zu. Ursprünglich war der Appaloosa eine eigenständige Zucht ohne Quarter-Blut. Später wurden neben Quarter Horses auch andere Rassen zur Blutauffrischung zugelassen, wie z.B. Araber, Morgan, Traber oder Saddlebred. Darum ist der Appaloosa heute im Typ uneinheitlicher. Es gibt aber viele Appaloosas, die fast ganz auf Quarter Horse-Basis gezogen wurden.

Typisch für den Appaloosa ist eine Fellzeichnung, die im Deutschen gewöhnlich als „Tigerscheckung" bezeichnet wird.

Sowohl bei Paints wie auch bei Appaloosas besteht das Problem, daß aufgrund der auffälligen Fellzeichnung Pferde anderer Rassen oder Kreuzungen, wenn sie eine solche Fellzeichnung haben, damit verwechselt werden können. Skrupellosen Verkäufern gelingt es immer wieder, besonders Neulingen solche Pferde als „Westernpferde" anzudrehen.

Jedes Western Horse, ob Quarter, Paint oder Appaloosa, hat ein amerikanisches Originalpapier, ausgestellt von der American Quarter Horse Association, der American Paint Horse Association oder dem Appaloosa Horse Club. Wenn kein solches Originalpapier vorgelegt wird, können Sie davon ausgehen, daß es sich nicht um ein Western Horse handelt.

Original Westernpferde sind verhältnismäßig teuer. Das rührt von den hohen Importkosten her, und die Nachfrage regelt natürlich auch das Angebot. Ob als Turnier-Westernpferd oder zum Spazier- und Wanderreiten, ein original Western Horse ist immer das Optimale.

Vom Autor empfohlene Literatur:

WESTERN TRAINING, Oelke

DER WESTERNSATTEL, Oelke

DIE WESTERNPFERDERASSEN, Oelke

DAS QUARTER HORSE, Oelke

DAS PAINT HORSE, Oelke

DER APPALOOSA, von Hodenberg

DAS WESTERNREITER-LEXIKON, Oelke

REINING, Loomis

WESTERN HORSEMANSHIP, Shrake

JUNGPFERDE EINREITEN, Kevil

WESTERN HORSE, monatlich erscheinende Fachzeitschrift für Westernpferde und Westernreiten

Kierdorf Verlag, Gut Dohrgaul, D-5272 Wipperfürth

Mit diesem Buch fängt alles an

Die Westernpferderassen

Quarter Horse, Paint Horse, Appaloosa

NEU!

Von Hardy Oelke
16 x 24 cm, ca. 100 Seiten m. zahlr. z. T. farbigen Abbildungen, kart., DM 22,80

Dieses Buch ist für den Interessenten der drei Westernpferderassen bestimmt, die sich vor dem Kauf genauer informieren wollen. Es enthält grundlegende Informationen, informative Abbildungen und die wichtigsten Blutlinien.

Westernreiter Lexikon

NEU!

Westernreiten von A–Z

Von Hardy Oelke
ca. 140 Seiten, mit zahlreichen, z. T. farbigen Abbildungen, ca. DM 22,80

Dieses Buch gehört in die Satteltasche jedes Freizeit- und Westernreiters, denn es erklärt kurz und knapp und mit zahlreichen Abbildungen alles Wissenswerte über das Westernreiten. Ein besonderes Kapitel erläutert die Farbbezeichnungen für Westernpferde. Der Autor ist Chefredakteur der Zeitschrift WESTERN HORSE; er hat in dieses Buch seine jahrzehntelange Erfahrung als Trainer, Autor und Übersetzer eingebracht.

Kierdorf Verlag · Gut Dohrgaul · 5272 Wipperfürth

WARUM NICHT GLEICH
DIE NR. 1?

WESTERN HORSE

vereinigt mit
„WESTERN REITER MAGAZIN"

Westernreiten,
Westernfreizeitreiten,
Zucht, Haltung

12 Ausgaben pro Jahr, Jahresabo DM 75,–, Ausland DM 88,– incl. Versand.

Das große europäische Magazin für Westernreiter.
Jeden Monat neue Tips zum Westernreiten, Freizeitreiten, Turnierberichte und Westernpferdezucht.

Jungpferde einreiten

NEU!

Von Mike Kevil, übersetzt von Hardy Oelke

Großformat, 168 Seiten mit zahlreichen Abbildungen, fester Einband, DM 58,–

„Ganz gleich, wofür ein junges Pferd später gebraucht wird – Pleasure, Reining, Cutting, Freizeitreiten –, es sollte eine gute Grundausbildung haben. Jedermann, ob er ein oder hundert Pferde einreiten will, wird von diesem Buch in hervorragender Weise profitieren."

Don Dodge

Kierdorf Verlag · Gut Dohrgaul · 5272 Wipperfürth

Western Training

Die systematische Ausbildung in der Westerndressur

Von Hardy Oelke

3. überarb. Aufl., Großformat, 164 Seiten mit über 250 Abbildungen, geb., DM 68,–

KAY WIENRICH: „Dieses Buch behandelt jedes einzelne Manöver einer Reining. Es wird Schritt für Schritt erklärt, wie man ein Pferd an die schwierigen Manöver dieser Westernreitdisziplin heranführt."

Mit diesem Buch sitzen Sie richtig!

Der Westernsattel **NEU!**

Was Sie darüber wissen wollten, was Sie darüber wissen sollten,

Von Hardy Oelke
16 x 24 cm, ca. 100 Seiten mit zahlreichen Abbildungen, kart., DM 22,80

Selbst wenn Sie schon einen Westernsattel besitzen, werden Sie durch Hardy`s neues Buch noch einiges hinzulernen.

Kierdorf Verlag · Gut Dohrgaul · 5272 Wipperfürth

Die Basis für alle Westerndisziplinen

Western Training

Theorie und Praxis

Von Jack Brainard
Großformat, 160 Seiten mit zahlreichen Abbildungen, fester Einband, DM 58,–

Das Buch dieses großen Trainers lehrt die Basis der Pferdeausbildung für die Westernreitweise. Es ist die Grundlage für Cutting, Reining, Pleasure, Trail und Freizeitreiten.

Reining

Die Hohe Schule des Westernreitens

Von Bob Loomis,
übersetzt von Hardy Oelke Großformat, 250 Seiten, geb., DM 78,–

Bob Loomis beginnt ganz vorn: Er erklärt, wie ein Pferd denkt und wie ein Horseman denken muß, wie man gute Westernpferde züchtet und auswählt.
Mit hunderten farbiger Bilder zeigt er, wie man das Training mit der frühen Bodenarbeit beginnt, das Pferd anreitet und bis zum fertigen Turnierpferd ausbildet.
Kapitel über das Richten von Reinings, über Pattern-Strategie und über große Reining-Pferde beschließen dieses außergewöhnliche Buch.